| 복지국가 사례연구 |

스웨덴 복지 모델의 이해

| 복지국가 사례연구 |

스웨덴 복지 모델의 이해

고명현 엮음

| 서문 |

　경기 침체, 청년 실업난, 인구의 노령화 등 현재 한국 사회가 당면한 과제들로 말미암아 우리 사회는 그 어느 때보다 '복지국가'에 대한 논쟁이 치열하다. 보편적 복지를 주장하는 이들은 복지확대가 경제성장으로 선순환할 것이라고 말한다. 하지만 내일의 파이를 오늘 소비하는 것이 어떻게 경제성장으로 이어질 수 있는지에 대한 의구심은 아직 해소되지 않고 있다. 보편적 복지를 주장하는 측과 이에 대해 회의적인 측 간의 공통된 질문은 성장으로 연결되는 복지, 즉 "생산적 복지"란 무엇인가라는 것이다.
　이 책은 이 질문에 대한 답을 제시해 보고자 기획되었다. 선진복지의 대표국 중 하나인 스웨덴의 복지 역사와 정책을 통해 우리 사회가 지향해야 할 복지정책은 어떤 모습이 되어야 하는지 살펴보고자 한다. 스웨덴의 복지정책은 성장과 복지의 균형을 잘 이룬 것으로 평가되며, 전 세계의 주목을 받고 있다. 많은 복지혜택을 제공하면서도 높은 경제 성장을 유지하는 스웨덴 모델이 우리 사회의 복지정책에 시사하는 점은 매우 많다.

이 책은 지난 2012년 아산정책연구원에서 '스웨덴 복지 모델의 이해'라는 주제로 개최되었던 회의 내용을 기반으로 한 것이다. 스웨덴 복지 모델의 역사적 발전과 지속 가능성을 포함하여 스웨덴 복지정책에서 가장 큰 쟁점인 교육복지에 대해서도 자세하게 다루고 있다. 더 나아가 스웨덴이 시장원리에 기반을 둔 복지 정책을 추진하며 경제 성장이 가능토록 한 점도 주목해야 할 점이라고 할 수 있다. 또 다른 국가들과 비교할 때 스웨덴 복지 모델이 어떻게 다른가 하는 점도 구체적으로 논의하고 있다.

　스웨덴의 성공적인 복지는 하루 아침에 이루어진 것이 아니라, 많은 시행착오와 끊임없는 개혁을 거친 결과물이다. 글로벌 경제 위기 등 많은 대외적인 요인에도 불구하고 스웨덴의 복지정책은 흔들림 없이 지속되고 있다. 이는 사회복지의 중요한 수단인 고등교육을 포함하여 많은 사회투자가 지속적으로 이루어지고, 변화하는 상황에 맞추어 사회적 합의를 만들어내는 '상생의 문화'에 기인하는 것으로 보인다.

　우리나라는 현재 보편적 복지국가로 나아갈 것인가를 고민하는 기로에 서 있다. 우리에게 알맞은 성장과 복지의 연결고리를 찾는 것은 쉽지 않은 도전이 될 것이다. 복지국가의 모델로 여겨지는 스웨덴의 경험을 분석한 이 책이 우리나라의 생산적 복지정책 확립과 발전에 도움이 되기를 기대해 본다.

2015년 가을에
고명현 씀

| 목차 |

서문 · 4

1부 스웨덴 복지정책의 역사와 발전과정

김인춘
〈사회적 대타협과 스웨덴 모델의 발전
 - 자본의 이익은 어떻게 보장되었나?〉 · · · · · · · · · · · · · · 10

스벤 호트
〈현대 스웨덴의 사회적 합의와 갈등
 - 스웨덴 모델의 이해〉 · 42

2부 스웨덴 복지 모델의 특징

최영준
〈스웨덴 모델은 왜 일본 모델보다 효과적이었을까?〉 …………… 76

신광영
〈스웨덴 복지 모델의 사회적 기초
 - 견고한가 아니면 흔들리고 있나?〉 ……………………… 96

글렌 셰스트른드
〈스웨덴 복지 모델의 지속 가능성과 특징
 - 비영리 조직 및 사회공헌을 통한 새로운 형태의 복지생산〉 … 117

양재진
〈현대 스웨덴 복지정책과 제3섹터의 역할〉 ………………… 146

3부 스웨덴 복지정책과 교육

군나르 올로프손
〈스웨덴의 고등교육 확대정책과 전문인력의 재구성
 - 교육이 복지의 기초〉 ……………………………… 164

진미석
〈스웨덴 교육정책과 사회복지
 - 복지정책이 직업세계의 변화에 미친 영향〉 ……………… 198

집필자 약력 ……………………………………………… 214

| 1부 |

스웨덴 복지정책의 역사와 발전과정

사회적 대타협과 스웨덴 모델의 발전
자본의 이익은 어떻게 보장되었나?[1]

김인춘 (연세대학교 동서문제연구원 연구교수)

1. 들어가며

'보편적 복지국가', '경제 민주화', "을'을 위한 세상'… 이는 스웨덴이 아니라 지난 2012년 대선을 전후하여 한국을 지배한 정치·사회적 담론들이다. 이러한 담론은 한국 사회의 발전과 진보를 보여주는 방증으로도 볼 수 있으며, 한국이 명실상부한 선진국이 되기 위해서는 당연히 실현해야 할 과제이기도 하다. 그러나 분명한 것은 현재로서는 어느 것 하나 제대로 실현하기 쉽지 않다는 점이다. 복지국가, 경제 민주화, 사회적 평등을 잘 달성한 나라로 꼽을 수 있는 스웨덴은 이 문제들을 어떻게 풀어왔을까? 스웨덴은 사회민주주의 이념을 실용적이고 독창적

---

[1] 이 글은 김인춘(2007) 『스웨덴 모델, 독점자본과 복지국가의 공존』(삼성경제연구소) 중 '2. 스웨덴 모델의 형성 및 발전 과정'(pp. 35~62)을 '자본의 이익은 어떻게 보장되었나?'라는 논점에 따라 보완하여 집필한 것임을 밝힌다.

으로 이해하고, 민주적 계급투쟁과 타협으로 이 목표들을 달성해 왔다. 복지를 위해 성장을, 경제 민주화를 위해 민간기업의 자율성을, 평등을 위해 효율을 후퇴시키거나 포기하지 않았고, 공존을 통해 성공적으로 양립시켜 왔다. 무엇보다 자본의 이익에 대한 사회적 합의와 타협을 이루어 낼 수 있었기 때문이다. 자본의 이익이 자본계급만의 이익이 아니라 스웨덴 복지국가에 이익이 되고 노동계급에도 이익이 되게 한 것이다.

이러한 포지티브 섬(positive sum) 게임을 가능하게 한 스웨덴 모델은 복잡한 위기 상황을 극복한 사회적 대타협에서 시작되었고, 그 핵심은 자본의 이익을 보장한 데서 비롯되었다. 1932년 집권한 스웨덴 사민주의자들은 1970년대 초까지 친자본의 시장주의적인 성장 모델을 선택했다. 평등주의 정책으로 일컬어지는 동일업종 내의 임금 평준화 정책, 즉 동일노동 동일임금 정책은 경쟁력 낮은 기업의 시장 퇴출을 통해 산업 합리화와 자본집중을 촉진하였다. 놀라운 점은 이러한 산업 합리화와 생산성을 중시한 결과, 자본의 독점화 정도가 매우 높아졌다는 사실이다. 분배정책은 무엇보다 근로계층의 부담으로 가능했고, 자본 및 기업에 대한 조세부담은 상대적으로 낮았다. 적극적 노동시장정책과 노동시장의 유연성, 시장원리에 의한 경제구조 합리화, 대기업을 중심으로 한 자본 및 산업 집중정책 등이 시장주의적 성장극대화 정책이었다. 경제의 공급 측면 문제들을 해결하여 성장을 이루었고, 궁극적으로 분배를 가능하게 했던 것이다.

단순하게 보면, 스웨덴 복지자본주의, 즉 스웨덴 모델은 많은 사람과 많은 기업으로 하여금 일과 생산, 조세 기여를 잘하게 하고, 그 성과를 공정하고 효율적으로 분배하는 것이라고 할 수 있다. 스웨덴 모델의 성장정책과 분배정책은 생산성과 효율을 중시하여 처음부터 생산적 복지를 추구하였다. 20세기 전후의 초기 산업화 시대는 물론, 2차 대전 이후에도 시장경제를 바탕으로 개방과 무역에 의한 대기업 중심의 성장정책을 추구하였다. 시장친화적 정책은 효율성을 높여 성장을 달성하는데 기여하였고, 이를 기반으로 고용 증대, 인적 자본에의 투자 확대, 복지, 삶의 질 향상 등을 성취하였다. 1960년대부터 크게 늘어난 재정지출은 보육서비스, 교육 및 직업훈련, 보건·의료 등과 같은 투자적 성격에 집중하였다. 고용을 늘리고 사회 전반적으로 안전도를 높여 그만큼 실업급여, 산재급여, 공공부조와 같은 소비적 지출을 최소화하였다.

중도 좌파인 스웨덴 사회민주당은, 20세기의 민주국가로서는 매우 드물게 장기간 집권하였다. 집권 기간은 1932~76년, 1982~91년, 1994~2006년으로 지배정당의 지위를 유지해 온 것이다. 사회민주당은 노조세력과 함께 완전고용과 보편적 복지국가를 발전시키면서 동시에 자본의 이익을 보장하였다. 자본집중과 독점자본을 용인하고, 지배주주를 위한 차등의결권을 법적으로 보장하고, 낮은 법인세를 통해 자본계급의 이익을 보장해온 것이다. 이러한 스웨덴이 어떻게 보편적 복지와 경제 민주화, 사회적 평등을 이룰 수 있었는지 밝혀내는 것은 매우 흥미로운 일일 것이다. 사회민주당 정치세력과 노동세력은 왜 자본계급의 이익을 옹호하였는가? 자본계급의 이익은 어떻게 사회적으로 만들어지고 보장되었는가?

이 글은 스웨덴의 시장경제와 민간기업의 발전 과정을 살펴보면서 자본의 이익이 어떻게 만들어지고 보장되었는지, 이 과정에서 사회적 타협은 어떤 역할을 했는지, 이러한 자본이익과 사회적 타협이 스웨덴 모델의 발전에 미친 영향을 개괄적으로 검토하는 데 목적이 있다. 스웨덴 모델의 성공은, 역사적으로 스웨덴 고유의 제도와 정책이 발전되고 개혁되는 과정에서 자본의 이익이 사회적으로 구성되고, 자본이익이 경제성장과 사회적 평등에 이바지할 수 있도록 정치사회적으로 조정하고 타협한 결과이다. 이 과정에서 자본세력은 경제적 행위자일 뿐 아니라 정치사회적 행위자로서 국가 및 사회와 합리적으로 협력하고 상생하였다. 스웨덴 모델의 기반이 된 1938년의 노사 대타협을 중심으로 이러한 과정을 살펴보고자 한다. 이를 위해 먼저 스웨덴 기업 및 산업의 발전, 이에 따른 자본계급의 형성을 간단히 서술하고자 한다.

2. 민간기업의 혁신과 성장

스웨덴은 서유럽 국가들보다 늦은 1860년대에 산업화가 시작되어 1890년대에 이르러 본궤도에 진입하였다. 이 시기 스웨덴은 큰 호황을 누렸는데, 영국과 유럽대륙의 2차 산업혁명에 따른 경제 붐으로 스웨덴의 철광석, 목재 등에 대한 수요가 급증했기 때문이다. 이에 따라 1870년대와 1890년대 사이 기업가정신이 크게 고무되면서 많은 기업이 설립되었고 해외시장 개척도 활발하였다. 스웨덴은 이미 19세기 중반에 자유무역과 재산권 제도를 확립하여 19세기 후반 들어 자본과 상품, 노동력의 자유로운 이동이 가능하였다(Sejersted 2011).

1870년대는 유럽에서 자본주의 체제가 급속히 발전하면서 기업의 성장과 경쟁이 심화하던 시기로 카르텔이 급속히 발전하였는데 스웨덴도 예외는 아니었다. 특히 19세기 후반, 당시 신흥 경제강국이던 미국과 독일에서 대기업이 성장하기 시작하였다.[2] 19세기 후반까지 세계적 우위를 차지했던 영국 방식의 산업발전 단계가 끝나고 미국, 독일, 일본 등 주요 선진 경쟁 경제세력들에 의해 새로운 방식의 산업발전 단계가 시작된 것이다. 기술혁신과 새로운 산업경영 방식, 체계적인 자본축적, 투자 증대가 그 핵심이었다(킨들버거 2004; 양동휴 2013). 스웨덴은 비록 규모 면에서는 작았지만 당시 새로운 방식의 산업발전을 성공적으로 달성한 나라 중 하나로 기술혁신과 새로운 산업경영에서 뛰어난 성과를 보였다. 또한 금융과 무역 부문은 국내 산업과 효율적인 연관 관계를 구축하였고, 고성장 산업을 중심으로 자본 축적과 투자 확대가 이루어졌다.

역사적으로 대기업은 기술이 진보하고 시장이 커지면서 소단위 단일 기업이 시장을 통해 자원을 배분하는 것보다 대기업 내 자원 배분 방식이 더 효율적이 되는 시점에 등장했다고 한다. 19세기 후반 인구 증가, 도시화 진전, 국민소득 증가와 함께 시장 규모가 급속히 커졌는데, 이 시기에 시작된 중화학공업은 거대한 설비 투자가 필요했으므로 대규모 자본이 동원되어야 했다. '규모의 경제' 실현을 위해 이들은 애초에 독점 대기업으로 출발했다. 기업의 수직, 수평적 결합을 통한 산업 조직의 독과점화도 19세기 말에 나타나게 되었다(양동휴 2013). 또한, 20세기 초에는 '과학적 관리'로 대표되는 산업 합리화와 미국식 근대적 기업경영이 독과점화 경향을 더욱 강화하였다(Sejersted 2011: 44).

역사적으로 이러한 독과점적 대기업이나 다양한 형태의 기업집단

---

[2] 양동휴(2013)에 의하면, 대기업이란 여러 소단위 사업체로 구성되고 피라미드 형태의 경영자 그룹이 운영하는 기업을 말한다.

(business group)의 존재는 일반적인 현상이다. 18세기 말 자본주의 발전단계에서부터 시작하여 21세기까지도 존속하고 있기 때문이다. 이스라엘, 스웨덴, 네덜란드, 독일 등 미국과 영국을 제외한 많은 선진국에서 소유분산보다 집중화된 소유가 일반적인 것도 이러한 독과점적 기업집단 또는 대기업의 존재에 기인한다. 더구나 소유분산이 이루어지지 않은 경우, 주로 가문이 중요한 소유자이자 통제자이고, 가문을 중심으로 한 기업집단에서 지배가문은 경영에 깊숙하게 참여하였다(이건범 2013). 독일의 경우, 19세기 후반의 통일과 국내시장 확대로 기업 규모가 급속히 커졌다. 또한, 산업화 초기부터 유럽 전역으로의 시장 확대가 독일의 기업 규모와 운영에 큰 영향을 미쳤다. 자본시장 발달이 늦은 독일에서 기업에 대한 대규모 자본조달을 위해 만든 신용은행은 미국식 투자은행의 성격까지 갖는 독일형 종합은행으로 발전하면서 독일식 기업지배구조의 역사적 연원이 되었다. 은행이 기업의 지분을 갖고 기업의 경영에 영향을 미치는 것이 그것이다. 세계시장을 상대로 경쟁해야 했던 독일 대기업에는 국내 기업끼리의 경쟁을 회피하는 카르텔이 지극히 합법적인 것이었다(양동휴 2013).

스웨덴은 바로 이러한 19세기 후반 이후 신흥 선진국의 산업발전 성격을 그대로 보여주었다. 무엇보다 독일과 유사한 은행 제도로 산업자본과 금융자본의 결합이 가능했다. 19세기 중반부터 등장한 스웨덴의 상업은행은 중앙은행과 별도로 민간부문에 대한 신용 제공과 투자를 담당하였다. 1911년부터 상업은행은 사회민주당에 의해 기업에 대한 직접투자와 그에 따른 지분을 가질 수 있었고, 1938년 이후에는 새로운 제도를 통해 금융자본과 산업자본의 연계를 구축할 수 있었다.[3] 또한 기술혁신과 산업합리화, 생산성 제고에서 뛰어난 성과를 보여주었는데, 산업 합리화와 생산방식의 혁신적 발전으로 1920년대 들어 스웨덴 산업의 효율성이 크게 높아졌다. 1920년대부터 스웨덴 사회민주당은 성장을 중요시했고 이는 노동자들의 이익을 위한 기반이었다. 사회적 평등이라는 이상을 자본주의 시장경제라는 현실과 공존시키고자 하였다. 사회주의적 이념보다 현실적인 성장과 복지가 핵심 사안이 되었고 이를 통해 노동과 자본의 '상호이해'를 추구하였다(안재흥 2013; Steinmo 1988). 자본과 기업의 소득에 상대적으로 낮은 세율을 적용했으며(Steinmo 1996), 친기업적 조세로 투자활성화와 고용증대를 달성하고자 하였다. 스웨덴 사민주의자들이 전통적 사회주의 이념인 분배보다 생산의 문제와 산업 효율성에 집착했다는 점이 특히 눈에 띈다. 독점화와 자본집중 현상을 초래할 수 있음에도 산업합리화는 산업구조 발전과 고용에 대한 국가의 책임을 다하는 데 중요하고, 스웨덴 국민경제의 견실한 성장 및 노동시장의 균등한 발전과도 밀접한 관계가 있다고 보았기 때문이다(Sejersted 2011: 44~45).

19세기 말과 20세기 초에 스웨덴의 주요 산업이 발전하였는데, 지금까지 세계적 경쟁력을 자랑하는 ABB(ASEA), 에릭손, SAAB, Scania, Volvo, SKF 등 많은 기업이 이 시기에 설립되었다. 이들 기업은 활발한 기술혁신과 특허로 해외 수출을 크게 확대하였다.[4] 그만큼 기업의

---

[3] 사회민주당은 자유당과 연합해 상업은행의 기업주식 소유를 허용하는 은행법을 1911년에 도입하였다(Hogfeldt 2007). 1938년에는 사회민주당 단독으로 산업자본과 금융자본의 결합을 가능하게 만들었다. 더 자세한 내용은 안재흥(2013) 참조.
[4] 지금도 세계적으로 유명한 스웨덴 버너인 프리머스(Primus) 스토브는 1882년에, 공구인 스패너(spanner)는 1892년에, 에릭손(Lars Magnus Ericsson)의 전화수화기는 1895년(1884년 발명)에, 볼보(1926년 설립)의 모태

급속한 성장이 가능하였고 국가의 부가 증대될 수 있었다. 스웨덴은 1870년부터 1914년까지 당시 서구의 세계화 조류, 즉 1차 세계화에 적극적으로 참여하여 1932년 사회민주당 집권 이전에 이미 높은 수준의 경제성장을 달성하였다. 그 당시 일었던 팽창적 서구 자본주의의 거품에 휩쓸리지 않으면서도 이를 잘 활용해온 것이다. 더구나 이러한 제국주의적 팽창이 1차 대전으로 비화했지만 중립외교 노선으로 전쟁을 피할 수 있었던 것도 스웨덴의 지속적 경제발전에는 큰 도움이 되었다. 그 후 사회민주당 집권하에서도 이러한 민간기업과 기업가정신의 중요성이 인정되었다. 1930년까지 스웨덴은 당시의 자유시장경제 국가들과 마찬가지로 '작은 정부'와 '시장경제'에 기반을 두고 수출지향형 산업화에 매진하였다.[5]

스웨덴은 1870년에서 1970년까지 100년간 일본과 함께 세계에서 가장 빠른 경제성장을 이룬 나라로 알려졌다. 1970년 당시 스웨덴의 국민소득은 세계 4위를 기록했다. 특히, 1870년대부터 1950년까지 생산성 증가 속도는 세계 최고 수준이었다(Bergh 2011; Lindbeck 1997). 1870~1970년의 한 세기에 걸친 급속한 경제성장을 가져온 요인은 경제개방, 교역조건의 개선, 기업가정신 고양, 안정적이고 효율적인 법과 규칙, 대규모의 인프라 투자, 광범위한 인적 자본 투자, 사회평화, 자율적인 시민사회 등 다양하다. 한국 사람들이 스웨덴에 대해 가지고 있는 '좌파적 국가'라는 선입견과 달리, 스웨덴은 원래부터 자유롭고 다원적

인 볼베어링은 1907년에 각각 특허를 취득했다. 이외에 다이너마이트, 셀시우스 온도계, 진공청소기, 안전성냥, 하셀블라드 카메라 등 수많은 발명품이 등장하였다(Bergh 2011).
[5] 스웨덴의 GDP 대비 총조세(total tax revenue)는 1955년 24.0%, 1960년 25.5%로 같은 년도 미국의 23.6%, 26.5%와 차이가 없었다(Du Rietz et. al 2010).

이며 개방적인 나라였다. 19세기 중반에 언론의 자유, 반부패 및 선진 관료제, 특허권 제도가 도입된 것은 이를 증명한다(Rothstein 2008).

정부는 물적, 제도적 인프라와 인적 자본 투자에 집중하였는데, 이는 빠른 경제성장에 결정적으로 이바지하였다. 이를 위해선 의무교육, 통신, 교통 등이 중요했는데, 19세기 말에 이미 문맹률은 유럽에서 가장 낮았다. 당시 스웨덴의 경제력은 유럽 16위로, 상대적으로 후진국이었다. 그러나 풍부한 자연자원, 기술혁신과 뛰어난 산업화 전략, 우수한 교육을 바탕으로 스웨덴은 고도성장을 이루면서 1929년에는 유럽 8위의 부국이 되었다. 1870년대부터 사회민주당이 집권한 1932년까지 자유무역과 시장경제로 급격한 경제성장이 이루어져 평등과 효율의 '스웨덴 모델'이 형성되기 전에 비교적 부유한 나라가 되었던 것이다(이주경 2004). 특유의 '스웨덴 모델'을 발전시킬 수 있는 물적 토대가 마련된 것이다. 이를 바탕으로 1930년대 사회민주당 정부는 분배정책을 바로 시행할 수 있었는데, 재정정책, 노령연금, 사회서비스, 의료보호, 교육 등에서 개혁적 정책이 도입되어 보편적, 평등주의적 복지국가의 기초를 다지게 되었다. 사회민주당은 1932년 집권 직후 고율의 누진적 개인소득 및 재산세, 소비세를 바탕으로 실업보험, 국민연금, 사회복지 등 정부지출을 늘렸다. 대기업 중심의 산업정책과 복지국가를 근간으로 한 스웨덴식 사회경제모델을 구축하였고 1970년대 초까지 성장과 분배를 모두 얻을 수 있게 되었다.

3. 자본의 이익과 사회적 타협
- 자본이익의 정치사회적 구성

노동계급과 자본계급의 형성과 성장

  스웨덴 자본세력은 막대한 자본축적에 성공하여 경제적으로나 정치적으로 큰 힘을 갖게 되었다. 1900년대부터 대기업 중심의 산업발전이 이루어지면서 경제 구조도 대기업 중심으로 자리 잡게 되었다. 급속한 산업화로 스웨덴 사회가 기본적으로 자본가와 노동자의 양대 계급으로 발전함에 따라 정치적 동원 또한 이 두 계급에 기반을 두어 이루어지게 되었다. 노동운동과 사민주의 세력 또한 조직화에 성공하여 정치사회적으로 큰 힘을 갖게 되었다.[6] 1898년에 생산직노조총연맹(LO)이 창설되었고 노동운동의 급속한 성장으로 1907년에 산업노동자의 48%가 노동조합에 가입하여 스웨덴의 노동조합은 일찍부터 노동계급의 조직화에 성공하였다. 노동세력은 20세기 초부터 산업화 과정에서 계급적 결속 및 조직화, 정치세력화를 추진하여 자본계급과 힘의 균형을 이루었고 정치공간에서 핵심적 주체로 성장하였다. 노조운동과 함께 정치민주화와 선거를 통해 정치권력을 추구한 사회민주당은 사회혁명 대신 합법적 방식으로 정치적 정의, 사회적 정의, 경제적 정의를 위한 사회개혁을 목표로 하였다. 실용주의를 선택한 사회민주당은 국민의 현재적 관심, 즉 고용과 복지를 충족시키기 위한 정책 마련에 주력했다.[7]

---

[6] 스웨덴의 민주화는 19세기 초부터 시작되어 1919년 보편적인 평등참정권이 도입됨으로써 완성되었다. 이 과정에서 사회민주주의자들과 자유주의자들이 중요한 역할을 했다.
[7] 사회민주당은 자본주의 사회에서 노조원의 이익실현을 목표로 하는 노동조합운동의 의의를 부정하지 않았으며, 오히려 스웨덴 사회민주주의가 이런 점에서 당시 국유화와 사회주의 혁명을 추구한 독일 사회민주주의와 다르다는 점을 부각시켰다.

사회민주당은 1889년 창당 이후 노동조합운동과 연계하여 성장을 거듭했다. 사회민주당은 1920년에 최초로 소수 정부를 구성했고 1932년에는 다수당이 되어 집권하게 되었다.[8] 1930년대 초에는 경제공황으로 노동계층과 농민 모두 극심한 피해를 보았는데, 이들은 공통으로 국가의 강력한 경제개입을 요구하였다. 사회민주주의 이론가인 비그포르스(Ernst Wigforss) 재무장관(재임 1932~45)은 수요관리정책을 입안하고 시행하였는데, 일반 국민의 전반적인 삶의 수준을 높이기 위해 적극적 노동시장정책, 주택건설보조금제도, 특별실업보험제도 등 스웨덴식 뉴딜정책을 시행하였다. 퇴직연금 급여도 올렸다. 이러한 개혁적인 사회정책의 재원은 소득세, 상속세, 재산세의 누진율을 크게 높이는 방식으로 충당하였다. 중간계층 이상이 경제적 부담을 대부분 담당하였던 것이다(Henrekson and Waldenström 2014). 그러나 기업에 대한 법인세는 낮은 수준으로 유지하였다. 이러한 개혁정책의 성과에 힘입어 사회민주당은 1936년 총선 승리 후, 보수적인 농민당과 공식적인 연합정부를 구성하여 정권의 기반을 공고히 하였다.

한편, 산업화로 자본축적을 이룬 기업가들은 노조에 대응하여 조직화를 시작하였다. 1896년 엔지니어링산업협회(VF, Verkstadsföreningen)가 가장 먼저 조직화하였다. 자본세력을 대표하는 스웨덴사용자연맹(SAF)이 1902년에 설립되었고 LO와 전국 차원의 노사협상은 1906년에

---

[8] 1920년, 1928년 총선에서 사회민주당은 일부 산업의 국유화를 주장하기도 했지만 유권자의 지지를 크게 얻지 못하였다. 이에 따라 국유화 계획은 사실상 완전히 포기되었다. 한손(Per Albin Hansson) 사회민주당 당수는 1928년 의회 연설에서 국가는 모든 국민의 생존을 보장하는 '국민의 집'(folkhem, the home of the people), 즉, 복지국가가 되어야 함을 역설하였다. '국민의 집'이라는 슬로건은 국가가 모든 국민의 안락한 집과 같은 존재가 되어야 한다는 공동체적 이념을 나타낸 것으로, 전통적인 국유화의 이슈 대신, 보편적 복지국가의 이념이 사회민주당의 주요 목표임을 분명히 하였다. 이때부터 스웨덴은 다양한 복지정책을 본격적으로 추진하게 된다.

처음 시도되었다. 산업 및 지역조직을 회원 단체로 한 SAF는 매우 집중화된 중앙조직이었지만 회원 기반은 약한 편이었다. 주요 수출산업을 지배하는 대기업들은 내수 중심의 중소기업이 대부분인 SAF에 그리 협조적이지 않았기 때문이다. 중소기업과 대기업 간 이해관계가 일치하지 않았는데 이들은 노사관계, 경제정책 등에서 이견을 노출하였다. 1935년 LO 노조원이 100만 명을 넘어섰지만 SAF 전체 회원 기업의 LO 노조원은 30만 명에 불과하였다. 수출 대기업들은 자신들만의 특수한 이익단체인 'the Big 5(Direktorsklubben)' 조직을 통해 활동했는데, 1933~53년에 특히 활발하였다. 이들은 모두 가족기업집단이었다. 이 시기에 스웨덴 모델의 핵심, 즉 노사관계, 기업지배구조, 사회 코포라티즘, 복지제도 등이 확립되었는데, 수출 대기업의 막후 역할이 매우 컸다.[9]

스웨덴에서는 20세기 전후 급속한 산업화와 노동운동의 성장으로 노사분규가 빈번히 발생했는데 1920년대까지 세계 최고의 파업률을 보이며 극심한 노사대립을 겪었다. 당시 자유당 정부는 1928년 노조의 반대에도 불구하고 노동시장과 노사관계를 안정시키기 위해 단체협상을 제도화하고 노동법원(National Labor Court) 설립을 법제화하였다. 노동을 규율할 법적 조치가 내려지는 상황에서 노조 지도부는 사용자의 주장을 받아들이는 동시에 자신들의 근로조건을 개선하는 문제를 제기하게 되었다. 사용자들은 그동안 생산 합리화를 통해 경제성장을 이루고 실업을 줄이자고 주장하였다. 이에 1928년 12월 생산직노조총연맹

---

[9] 당시 수출 대기업은 사회민주당에 호의적이지 않았으나 1936년 사회민주당이 재집권하자 정치적 중립을 표방하였고 1938년 이후 사회민주당 정부와 협력적 관계를 구축하게 되었다(Korpi 1978).

(LO)과 스웨덴사용자연맹(SAF)은 산업평화의 제도화를 위한 '12월 협약'을 맺게 되었다. 1933년 이후 경제 상황이 좋아지고 노사분규가 줄어들면서 스웨덴 노사는 공법화보다 자율적으로 노동시장 문제를 해결하고자 하였다. 특히, 사회민주당은 일찍부터 노사 문제의 제도화에 적극적이었는데, 1935년 노사정 간 산업평화 협상을 이끌기도 하였다.

중요한 점은 이러한 노조와 사용자단체 등 경제적 이해집단의 조직화는 조합주의적(corporatist) 이익대표 정치를 발전시켜 사회적 타협과 합의를 용이하게 한다는 것이다. 오늘날 서유럽의 조합주의 국가들의 경우 역사적으로 경제적 이해집단의 조직화가 19세기 중반부터 발달하였고, 농민세력, 장인집단 등을 포함한 경제적 이해집단의 조직화는 경제제도는 물론 정치제도의 발전에 크게 영향을 미쳤다. 비시장적 규제와 조정, 비례대표제, 계급정당 등이 그것이다. 역사적으로 비시장적 규제와 집단적 조직에 기반을 둔 조정자본주의(coordinated capitalism)는 분배와 재분배에 자본의 협력을 가능하게 하였고 '큰 복지국가'에서도 자본주의가 번성할 수 있게 하였다(Iversen and Soskice 2009; Iversen 2005). 스웨덴은 장기적으로 이러한 발전과정을 경험한 대표적인 나라의 하나이다. 1990년대 이후 스웨덴 모델에 적지 않은 변화가 있었지만 전반적으로 조정시장경제 체제에 기반을 두고 보편적 복지국가와 사회적 평등을 실현하고 있다.

1932년 사회민주당의 집권과 타협의 정치

세계 대공황의 영향으로 1931년 실업이 급증하고 외국의 수요가 줄면서 스웨덴 수출산업이 큰 타격을 입게 되었다. 그러나 임금감축은 수요를 위축시켜 위기를 심화시키기 때문에 경기하락기, 즉 경기상의 실업 시기에는 임금감축이 더 나쁜 영향을 미칠 수 있다고 판단했다. 이에 따라 1933년 사회민주당 정부와 농업당 간 '위기협약(Crisis Agreement)'이 이루어졌다. 노동계급에는 임금을 올리고 농민계급에는 농산물보조금을 지급하는 것을 핵심으로 한 이 협약은 두 계급 간의 '적록연맹(red-green coalition)'이었다. 케인즈주의적 수요관리정책이었던 '위기협약'은 그 후 포괄적이고 보편적인 스웨덴 복지국가의 전조가 되었다. 자본세력도 이러한 정책에 적극적으로 협조하였다. 실업을 줄이고 특별예산으로 공공근로사업과 실업부조를 확대하였다. 가격유지를 위해 카르텔이 장려되었고, 경제 현대화와 빠른 산업화를 위한 산업구조조정 계획도 도입되었다.

팽창적 재정정책의 시행에도 불구하고 1932~36년 경제정책의 온건성이 유지되었다. 이는 사회민주당 정부가 디플레이션에서 벗어나자 곧 물가안정을 위해 적자재정을 균형재정으로 전환했기 때문이다. 성장 위주의 재정 확대는 장기적인 지속적 경제성장 달성에 도움이 되지 않는다고 보았기 때문에 균형재정으로 물가안정을 꾀하였다. 스웨덴 사회민주당은 연합정부에 참여한 1920년대 초부터 물가안정을 중요시했다. 시장의 자율적 기능과 물가안정을 강조했기 때문에 경제적인 관점에서는 자유주의자들과 별 차이가 없었다. 그러나 경제공황기에는 수요관리에 중점을 두고 임금과 경제성장에 대한 새로운 정책방안을 제시하였다. 저소비와 저임금을 경제공황의 원인으로 보면서 정부지출이 수요를 늘려 성장을 유도할 수 있다고 보았다. 극심한 실업률은 1930년대 말 8~9%로 떨어져 대공황 이후 가장 낮은 수준이 되었다. 경제 회복의 원인은 케인즈주의적 재정정책뿐만이 아니었다. 경제공황 시기에도 스웨덴 공공지출은 완만히 증가하였고 영국이나 독일보다 낮은 수준의 공공지출을 유지하였다.

1933년 위기협약에서처럼 당시 스웨덴 경제정책은 영국의 정통 통화주의나 독일의 보호주의적 카르텔 정책과도 구별되었다. 1925~31년 시기의 영국 금본위제도는 영국 산업의 가격 경쟁력을 떨어뜨려 실업을 증가시키고 불황을 심화시켰다.[10] 스웨덴은 1931년 금본위제의 폐지로 독립적인 경제정책이 가능해졌고 1933년 고정환율제의 채택으로 스웨덴 화폐인 크로나(Krona)가 저평가되면서 수출이 늘어나고 수입이 억제되는 효과가 나타났다. 1930년대 대부분의 기간에 국제수지는 흑자를 기록하였다. 1933년 위기협약에서 이미 사회적 타협에 의한 이해관계 조정이 시작되었다. 대공황과 전체주의가 확산하던 당시 유럽의 상황에서 민주적 거버넌스에 의한 스웨덴 방식의 사회타협 시스템이 작동된 것이다.

1938년 사회적 대타협

'적록연맹'이 1936년 총선에서 압승하자 당시 막대한 자본을 축적한 자본세력은 노사정 협상에 적극적으로 참여하게 되었다. 1930년대 중반부터 SAF는 노조의 파업에 매우 부정적인 입장을 가진 보수당과 거리를 두는 대신, 사회민주당 정부 및 노조와 협력을 강화하였다. 그 후

---

[10] 당시 영국 경제는 금본위제만이 문제는 아니었다. 19세기 후반까지 세계적 우위를 차지하였던 영국 경제는 19세기 말부터 침체되기 시작하였는데, 미국, 독일 등 신흥 경쟁 국가들과 달리 기술혁신, 체계적인 자본축적과 투자확대 등이 미흡했다. 1919년 이후 1930년대까지 영국 경제는 기업가 정신의 쇠퇴, 기술혁신의 부재, 수출 부진, 기술교육의 부족 등으로 침체를 겪었다.

SAF는 사회민주당 정부의 지원에 힘입어 정치적, 경제적으로 중요한 독립된 이해집단 조직으로 발전하였다. 이미 지배적 헤게모니를 갖게 된 사회민주당은 자본의 이익을 대표할 기구의 제도화에 적극적이었던 것이다. SAF는 스웨덴 모델의 상징이 된 살트쉐바덴(Saltsjöbaden) 노사협상을 제안하였고, 중앙임금협상의 제도화를 실질적으로 주도하였다. 사회민주당 정부가 주도하여 노사협력과 사회적 타협을 이끌어 갔던 것이다. 국가의 적극적인 중재로 1938년 살츠쉐바덴 대타협이 이루어졌다.[11]

1938년 대타협은 단순히 노사 간의 타협에만 국한되지는 않았다. 1938년 대타협으로 자본의 이익을 보장한 조세개혁과 스웨덴식 가족 대기업의 기업지배구조가 완성되었다. 먼저, LO와 SAF는 협약을 체결하여 노사 간 협의관계를 구축하기 시작하였다. LO와 SAF는 1936년 사회민주당 정부의 지원과 중재에 힘입어 노사문제에 대한 국가개입을 배제하고 노사 당사자가 서로 자율적으로 해결해야 한다는 데 의견을 같이하고 스톡홀름 근교의 휴양지인 살츠쉐바덴에서 협상을 시작하였다. 협상 끝에 LO와 SAF는 1938년 '기본협약(Basic Agreement)'이라는 역사적 타협으로 산업평화를 제도화하는 데 성공하였다. 이는 공법화 과정을 거치지 않고 노사 간 자율적 합의로 노사관계를 질적으로 변화시키는 계기가 되었다.

이 협약은 자본의 경영권과 노조의 단결권을 상호 인정함으로써 계

---

[11] 당시 비그포르스 재무장관은, 정치권력을 장악한 노동운동이 기업에 우호적인 여건을 제공해야 한다고 주장했는데, 이는 노사정간 협력을 통해 경제성장을 달성해야 함을 강조한 것이다. 1938년 상원선거, 1940년 하원선거, 1942년 지방선거 모두에서 사회민주당은 50% 이상을 차지하며 승리하였다. 그럼에도 한손 총리는 연합정부의 중요성을 강조하였는데, 권력공유는 권력독점보다 더 민주적일뿐 아니라 사회갈등을 줄여 사회적 합의를 도출할 수 있다고 믿었기 때문이다.

급타협을 이루었다. 자본세력은 노조를 인정하고 완전고용과 복지국가를 통한 과감한 소득재분배 정책을 수용하는 대신, 소유 및 경영권 보장, 파업 자제를 약속받았던 것이다. 또한, 생산성 증가에 따른 임금인상 원칙에 합의하고 사회적 연대에 입각한 단체임금협상 등을 약속하였다. 이 협약은 1970년대까지 스웨덴 노사관계의 핵심을 이루었다. 스웨덴 노사관계의 핵심은 중앙집권적으로 조직된 노동조합과 사용자단체가 노사관계에 대한 국가의 개입을 가능한 한 배제하면서 중앙단체교섭과 중앙집권적 협의구조를 통해 노사 간 쟁점들을 일괄적으로 타결함으로써 산업평화와 계급타협을 자율적으로 유지한다는 것이다. LO와 SAF는 임금인상의 자제와 임금협상을 제도적으로 중앙 집중화할 것에 합의했다. 중앙단체교섭과 연대임금정책은 이러한 노사관계를 뒷받침해준 중요한 제도이자 정책이었다.

살츠쉐바덴 노사 기본협약은 1933년 사회민주당과 농민당의 정책연합에 필적하는 성과였다. 두 정당 간 정책연합, 즉 '적록연맹'이 정치상황을 안정시켰듯이, 노사 간 기본협약은 노동시장 상황을 안정시켰기 때문이다. 이 두 성과는 향후 스웨덴 모델의 형성과 발전에 핵심적인 조건이 되었다. 유럽대륙과 소련에서 권위주의적 정권과 획일적인 전체주의 사상이 휩쓸던 1930년대에 스웨덴은 계급연합과 계급타협을 통해 정치문제와 노동문제를 해결하였던 것이다. 당시의 권위주의적, 전체주의적 국가들과 달리, 스웨덴은 인간의 존엄과 자유를 존중하고 자율적인 시민사회를 발전시켰다. '열린 사회(open society)'를 지향했던 것이다. 사회민주당은 계급연합과 계급타협을 바탕으로 1940년대 이후 경제성장, 완전고용, 복지국가를 동시에 지향하는 사회민주주의 복지국가의 제도적 기반을 확실히 구축하게 되었고 후발 산업국이었던 스웨덴은 유럽 최고의 부자국가로, 1960년대에 서구 복지국가의 모델로 부상하였던 것이다.

1938년 협약에 참여한 자본은 수출 대기업들이었는데 이들은 기업의 지속적인 성장을 위해 무엇보다 임금관리와 노사평화가 필요했다. 스웨덴 사회민주당의 경제정책이 케인즈주의 경제정책과 다른 중요한 차이는 바로 재정정책보다 사회 코포라티즘 조정 방식으로 임금과 투자문제를 해결했다는 사실이다. 생산수단의 공적 소유를 거부한 스웨덴 사회민주당은 '사회적 조정(social coordination)' 방식을 채택하여 사회적 시장경제를 운영해 온 것이다. 1983년 금속노조(Metall)와 엔지니어링산업협회(VF)가 부문별 단체교섭을 체결하기 전까지 SAF는 LO와 전국 수준의 임금교섭과 단체협약을 체결해 왔다.

4. 사회적 타협과 기업지배구조
― 내부 대주주의 소유 및 경영 지배와 사회적 감시

가족소유기업의 경영권 보장과 사회적 감시

살츠쉐바덴 협약은 자본권력과 정치권력의 분리를 통해 정치적으로 자본계급의 이익을 보장해준 것이다. 사회적 대타협을 통해 자본세력은 사회민주당이 정치권력을 장악하는 것을 인정하고 현실정치에 대해 중립을 유지하는 대신, 사적 소유권을 존중하는 자본주의 시장경제라는 제도를 보장받았다. 고용과 해고는 사용자 고유의 경영권한임이 협약에 반영되었다. 대신, 자본가들은 사적 부의 축적을 막기 위한 높은 소득세와 노조와 사회의 감시를 받아들였다. 거대한 가족소유기업의 경영권을 보장하는 스웨덴식 기업지배구조의 틀이 이 시기에 만들어졌다. 사회민주당 정부는 투자자본에 대한 세금 감면과 복지 확대를 약속하였다.

1938년 사회민주당 주도로 법인세를 개혁하여 자본재 투자에 대한 면세를 실현하였는데 이는 대기업에 큰 혜택을 준 것이었다. 그 대신 축적된 내부유보 자본을 재투자하고 합리화하도록 만들었다. 스웨덴이 자유로운 기업 활동을 중시한 것은 손실 나는 기업보다 이윤 나는 기업이 더 낫다는 원칙에 기반을 두었다. 그 결과, 비약적 경제성장과 사회경제적 평등이 동시에 달성되었다. 1938년의 조세개혁은 대기업에 매우 우호적이었으며 사회민주주의 헤게모니하에서도 법인세는 유럽에서 가장 낮은 나라에 속하게 되었다. 반면, 개인소득세와 사회보장세는 1980년대까지 크게 늘어났다. 대주주에 대한 세금은 90%에 달했고, 1955년부터 부담하기 시작한 사용자의 사회보장세는 임금 대비 40%까지 증가하였다(Du Rietz et al 2010). 그 결과 일자리와 조세에 기여하는 기업이 잘 되는 것이 중요하다는 사회적 인식이 확고해졌다. 중요한 것은 1938년 대타협으로 스웨덴식 기업지배구조가 제도화되었다는 점이다. 자본세력이 사회민주당의 장기 집권 가능성을 현실로 받아들이게 되면서 스웨덴 기업지배구조는 자본과 노동의 이익, 사민주의 이념이 맞물리면서 형성되었기 때문이다. 1938년 비그포르스 재무장관이 '자본의 양보와 타협'을 강조하는 동시에 '모든 영역에서 민간기업의 활동에 친화적인 조건'을 제공해야 한다고 역설한 것이 이를 보여준다(안재흥 2012: 68). 스웨덴의 민간기업 중심의 자본주의 체제는 사회민주당

집권 이후에도 유지되었다.[12]

스웨덴에서는 상업은행이 일반 기업의 주식을 직접 소유하거나 경영에 참여하는 것이 1911년 법적으로 허용되었다. 이는 독일의 영향을 받은 것으로 금융자본의 산업지배를 가능하게 하였다. 그 결과, 1914~20년 시기에 카르텔과 기업합병이 많이 나타났고 스웨덴 은행들이 대다수 상장기업의 지배주주가 되었다. 특히, 1920년대 초와 1930년대 초에 많은 기업이 파산했는데 이들 기업을 은행이 인수하게 되면서 은행을 소유한 가족기업들은 급속히 성장하게 되었다. 발렌베리 가문의 스톡홀름 엔실다 은행도 여러 기업을 인수했는데, 지금의 ABB, 스카니아, 에릭손 등이 그것이다. 1932년 단독 집권한 사회민주당 정부는 1934년 은행법을 개정해 은행의 기업 소유와 경영 참여를 전면 금지하는 조처를 단행했다. 금융자본과 산업자본의 분리법을 도입한 것이다. 1936년 선거로 사회민주당이 재집권하자 자본세력은 노사정 협상에 참여하여 정부정책에 적극적으로 협력하게 되었다. 이에 1938년 살츠쉐바덴 대타협으로 사회민주당 정부는 소유 및 경영권이라는 자본의 특권을 인정하였을 뿐 아니라, 은행들이 지주회사(투자회사)를 설립해 기존의 은행 소유 주식을 양도할 수 있도록 허용함으로써 자본세력과 타협하였던 것이다. 최대 1:1000의 차등의결권 제도

---

[12] 스웨덴의 자본집중 현상을 보면, 스웨덴의 산업 전체가 발렌베리(Wallenberg)가문, 볼보그룹의 길렌함마르(Gyllenhammar)가문, 한델스뱅크(Handelsbanken)의 룬드베리(Lundberg)가문 등 소수의 부유한 가문에 의해 지배되고 있음을 알 수 있다. 특히 최대 기업집단인 발렌베리(Wallenberg) 가문은 상장주식 시가총액의 40%를, GDP의 30% 정도를 차지하고 있다(장승규 2006). 스웨덴의 자본집중 현상은 1950년대와 60년대의 산업정책에 의해 생산성이 높은 수출대기업의 자본축적이 급격히 늘어난 데서 비롯되기도 하였으나, 실제로 2차대전 이전부터 이러한 현상이 매우 두드러졌다. 발렌베리 가문의 기업은 1856년 스톡홀름엔실다은행(Stockholm Enskilda Bank)을 설립하면서부터 시작되었는데, 1920년대부터 사회민주당과 긴밀한 협력을 유지해 왔다. 좌파 정당과의 이러한 상호 공존은 발렌베리 번영에 중요한 토대가 되었다.

를 통해 금융자본과 산업자본이 결합한 피라미드식 기업 지배구조를 공고히 하면서, 내부 대주주에 의한 소유 및 경영 구조, 자본에 대한 사회적 감시라는 스웨덴식 기업지배 구조가 형성된 것이다(Henrekson & Jakobsson 2011; Hogfeldt 2004).

사회 코포라티즘 타협인 1938년 살츠쉐바덴 협약에 참여한 자본은 수출 대기업들이었다. 발렌베리와 같은 대기업들이 지배주주 체제를 유지할 수 있었던 것은 사회민주당이 지주회사를 통한 피라미드식 소유 구조와 차등의결권을 허용했기 때문이었다.[13] 자본세력의 이익이 사회적, 정치적으로 해결된 것이다(Smångs 2008). 성공적인 '자본이익의 정치적 구성(political construction of business interests)'(Martin & Swank 2012)으로 노사(정) 간 조정이 가능해졌고, 이는 사회 코포라티즘으로 제도화되어 성장과 평등에 기여했다. 당시 무역과 자본이동이 용이한 개방된 국제경제 환경에서 스웨덴은 무역을 중시하는 개방경제를 선택하면서도 국내 자본의 해외 이동을 막고 국내 투자를 촉진함으로써 완전고용과 보편적 복지의 토대를 마련한 것이다. 이는 자본의 협력과 역할로 성장, 분배, 재분배가 가능했고, 지금의 분배 및 재분배 방식은 19세기 말 또는 20세기 초부터 이해관계의 조직화와 코포라티즘적 조정에 그 기원이 있다는 주장과 맥락을 같이한다(Iversen 2009).

---

[13] 발렌베리 가문은 1925년 당시 스웨덴 최상위 25개 기업 중 2개만을 지배했으나 1967년에는 10개를 지배하게 되었다. 피라미드 소유구조는 발렌베리재단 → 지주회사 → 자회사로 연결되는 기업지배구조를 말하는데, 발렌베리공익재단에 대한 면세혜택으로 이러한 소유구조가 가능하였다. 14개 개별기업의 이윤은 지주회사에 배당되고 다시 재단은 지주회사로부터 세금 없는 배당을 받아 그 수익이 발렌베리공익재단에 모아지는 것이다. 스웨덴에서 공익재단은 상장주식의 상당 부분을 소유하고 있다(장승우 2006).

정치권력과 경제권력의 분리와 공존

　계급타협과 경제회복을 달성한 1930년대 사회민주당 정부의 가장 중요한 성과는 '생산성의 정치(politics of productivity)'를 시작한 것이었다. 경제정책은 공적 소유가 아니라 효율과 성장의 과실을 공유하는 '생산성의 정치'라는 목표를 중심으로 입안되었다. 부의 축적 원천으로 경제 합리화와 실업해결 등을 위한 구조적 변화, 즉 경제의 구조조정이 우선되었다. 경제 합리화와 생산성 향상이 노사 모두에 이익이 된다는 점이 강조되었다. 노사가 협력하여 생산성을 높이면 단위 비용이 낮아지고 임금이 올라 노사 모두에 보상이 되기 때문이다. 사회민주당은 임금상승이 경제효율성과 장기적 성장에 긍정적인 영향을 가져온다는 확실한 입장을 갖게 되었다. 이러한 입장은 1951년 렌-마이드너(Rehn-Meidner) 독트린이 된 LO 보고서(『Trade Unions and Full Employment』)로 발전되었다. 성장을 강조한 LO 보고서는 자본주의적 합리화에 대한 노동운동의 인식 변화를 보여준 것이었다. 스웨덴 노조는 일찍부터 생산성 향상이 성장의 원천이자 고임금의 원천임을 인식하고 이를 지지하고 옹호해 왔다. 높은 노조조직률과 사회민주당의 집권은 생산성 증대에 따른 이익금(surplus)을 공정하게 배분하는 데 중요한 역할을 하였다.

　자본세력을 자기편으로 만들었다고 해서 사회민주당이 사회주의라는 궁극적 목표를 포기한 것은 아니었다. 사회민주주의자들은 사회적 평등과 정의라는 사회주의 이상을 의회주의와 자본주의 시장경제라는 현실과 조화시키기 위해 끊임없이 노력하였다. 사회민주당은 마르크스주의에서 출발한 만큼 당의 강령은 이념적 선명성이 뚜렷했다. 그러나 현실정치에서 자본주의 시장경제체제 자체를 거부한 적은 없었다. 유럽에서 후발 산업 국가로서, 자본 집중과 대기업의 성장이 생산성과 효율성 측면에서 유리하다는 인식을 했던 것이다. 자본주의적 발전의 성공이 스웨덴 모델에 중요하다고 본 것이다. 대규모 기업을 육성한 후이를 장기적으로 '주인 없는 사회기업'으로 바꾸는 것이 자신들의 궁극적 목표라고 한 스웨덴 사회민주주의 이론가 비그포르스(Ernst Wigforss)의 주장은 자본주의적 성공이 사회주의로 이행된다고 본 슘페터의 주장과 유사했다.[14]

1938년 대타협으로 노사협력과 자본이익의 보장, 대기업의 성장과 보편적 복지국가의 발전이 가능해지면서 스웨덴의 사회 코포라티즘이 본격적으로 발전하게 되었다. 스웨덴에서 사회 코포라티즘은 독자적인 노조와 사용자조직이 자발적으로 국가와 협력함으로써 발전하였는데, 1938년 협약은 강력한 국가와 자율적인 사회조직인 노동과 자본이 서로 협상하고 타협한 결과였다.[15] 1940년대 중반부터 노동과 자본의 대표가 정부의 각종 위원회, 입법 및 정책 연구에 참여하여 자신들의 이해를 표출하고 조정하여 정책에 반영하는 사회 코포라티즘 체계가 본격화하였다. 사회민주당 정부가 주도한 비공식 노사정 협의체인 '목요클럽'(1945~55)과 '하르프순드(Harpsund)회의'(1955~64)에도 참여하였다(최연혁 2014). 사회민주주의자들은 경제성장과 고용의 토대가 되는 투자를 위해 자본과의 협력관계를 매우 중요시하였다. 소위, '합스푼드 민주주의(Harpsund democracy)'라 하여 수상의 하계 관저가 있는 하르프

---

[14] 슘페터는 자본주의적 성공이 사회주의로 이행한다고 하였다. 혁신에 의해 생산관계가 충분히 발전하면 기업가를 대신하여 전문가 집단이 발전을 담당하게 되고, 비판적인 지식계급에 의해 자본주의 가치관이 무력해질 것이며 이러한 결과로 자본주의가 소멸한다고 보았다.
[15] 민주적 코포라티즘(democratic corporatism)으로 불리는 사회 코포라티즘(social corporatism)은 나치즘과 같은 권위주의적(또는 국가주의적) 코포라티즘과 대비된다.

순드에서 사회민주당 지도자들이 재계의 대표들을 만나 경제 현안들을 협의하였다.[16]

5. 자본의 이익과 복지 자본주의의 발전

사회민주주의자들은 대기업의 국유화 대신, 자본세력의 기득권을 인정해줌으로써 공존을 선택했다. 이들 통해 기업들이 해외로 빠져나가는 것을 막고 자신들의 개혁 프로그램에 대한 자본가들의 지지를 얻어낼 수 있었다. 개인에 대한 세금은 무거웠지만 기업법인에 대한 세금은 유럽에서도 가장 낮은 수준을 유지함으로써 기업에 우호적인 정책 기조를 유지하였던 것이다. 도산 상태에 빠진 기업을 국유화하는 대신, 기업이나 은행이 인수·합병하도록 함으로써 결과적으로 자본 집중을 조장하였다. 사회민주주의자들의 핵심 목표인 경제성장을 위해 규모의 경제를 추구하고 자본 집중을 수용하였던 것이다. 사회민주당 정부의 우호적인 산업정책이 없었다면, 사회민주당과 수출 대기업 간 밀월이 없었더라면, 발렌베리와 같은 거대 기업가문은 존재하기 어려웠을 것이다. 대신, 스웨덴 기업들은 수익을 내지 못하면 퇴출당해야 하고, 자본을 활용하여 생산성을 높여야 하며, 시장에서 살아 남아 성장해야 한다는 시장경제 원칙을 철저하게 고수하게 하였다. 시장규율은 노동과 자본 모두에 적용되었던 것이다.

스웨덴 복지 자본주의는 '소유권 민주주의(property-owning

---

[16] 스웨덴의 노사정 3자 협의 제도는 네덜란드의 공법화 과정을 거친 제도들과 달리 비공식적 성격을 가진 스웨덴 특유의 제도였다.

democracy)'에 기반을 두었다. 사민주의자들은 개인에 대한 조세, 즉 누진소득세, 부유세, 자본이득세, 상속세 등으로 사적 재산(private fortunes)의 축적을 막았으며, 높은 세금은 '조세 사회주의(taxation socialism)'를 일정 정도 작동하게 하였다. 기업 재산과 자본가 재산을 분리하고자 한 것이다. 그러나 대기업 가문들에서 보듯이, 결과적으로 사적 재산 형성이 가능하였고 어려운 정치 환경에서도 부자 가문은 강력한 소유권을 제도화하여 자신들의 부에 대한 통제를 유지할 수 있었다. 사회민주당 정부가 이러한 대기업의 이용 가치를 인정하여 스웨덴 산업을 발전시키고자 했기 때문이다. 또한, 실용적이고 점진적인 개혁으로 사회의 지나친 혼란을 야기하지 않으려 했기 때문이다(Henrekson & Jakobsson 2002; Meidner 1993). 기존 자본가들은 자신들의 많은 주식 지분을 자신들이 통제하는 자기 소유의 재단에 이전하고, 차등의결권, 상호지분소유 등의 제도화된 기업지배구조하에서 제한한 자본으로 많은 기업을 통제할 수 있었다. 그 결과 소유가 분산된 주주자본주의는 물론, 소유와 경영이 분리된 경영자 자본주의(managerial capitalism)도 나타나지 않았다. 그럼에도 자본세력은 투자와 기업의 성장이라는 본래의 임무에 충실하면서 완전고용, 보편적 복지국가, 계급평등 등의 사회민주주의 이념을 중시했다. 스웨덴 복지 자본주의의 발전에 중요한 기여를 하게 된 것이다.

2차 대전 후 스웨덴의 복지 자본주의는 렌-마이드너 플랜(Rehn-Meidner plan)으로 알려진 연대임금제도가 그 핵심이었다. 근로자 간 임금 격차를 줄여 평등을 달성하려는 목표 외에 경쟁력 있는 대기업에 내부유보 자본의 축적과 동시에 산업 합리화를 가능하게 하였다. 1951년에 합의된 연대임금제도는 낮은 법인세와 함께 수출 대기업에 매우 유리하게 작용했다. 시장원리의 기업 구조조정이 연대임금을 매개로 작동하여 자본의 효율성을 극대화하였고 스웨덴 독점자본 형성에 크게 이바지하였다. 이들 독점 대기업은 내부유보 자본으로 설비투자, 교육 및 연구개발에 적극적이었다. 그만큼 고용도 늘어났다. 누진적 개인소득세뿐 아니라 1950년대의 완전고용과 연대임금으로 본격적인 복지국가 확대 전에 이미 불평등은 줄어들었고 상층계급의 소득 비중은 축소되었다(Roine & Waldenstrom 2008).

1960년대부터 복지국가가 크게 발전하면서 모든 근로자에게 소득평등과 기회평등이 보장될 수 있게 됨에 따라 소득평등과 기회평등의 보편적 복지국가가 '자본주의 왕조가문(capitalist dynasties)'과 공존하게 되었다(Henrekson & Jakobsson 2000). 전통적으로 이들 자본 가문은 소수의 거대 금융가문으로 주요 기업들의 주식을 보유하거나 투자(지주)회사를 통해 소유와 지배력을 행사하였다. 정치권력과 경제권력의 분리 모델로 정치권력을 장악한 사회민주주의 세력이 자본시장에서 대기업의 경제권력을 용인한 것이다. 스웨덴의 경제 민주화는 자본시장이 아니라 주로 노동시장에서 이루어졌다. 계급 간 합의와 협력으로 스웨덴의 사회 코포라티즘은 지속적으로 발전하였다. 두 가지 차원의 사회 코포라티즘이 모두 작동한 것이다. 노동시장에서 노사 간 협상 차원의 코포라티즘(negotiative corporatism)으로 임금 인상 자제와 노사평화가 1970년까지 유지되었다. 다른 하나는 국정 차원의 코포라티즘(administrative corporatism)이 작동하여 조직된 이익집단이 정책 결정 과정에 공적으로 포함된 것이다. 모든 국가 위원회에 대표로 참여하여 국정의 파트너가 된 것이다. 많은 위원회는 자문뿐 아니라 결정 권한도 가지고 있었다. 정치적, 외형적 협력관계 외에 누가 자본을 통제해야 하느냐는 이념적 문제가 제기되었지만 '1948년 계획경제 대논쟁'의 후퇴에서 보듯이 급진적인 노선은 힘을 얻기 어려웠다. 사회민주주의자와 자본 간 비공식 접촉 등으로 정치적 합의를 이끌어 내었다.[17] 다원적, 민주적 성격의 국정 차원 코포라티즘은 1950년부터 시작되어 1970년대까지 비교적 잘 작동하였다.

6. 나가며

사회적 타협과 자본 이익의 정치사회적 구성은 스웨덴의 복지 자본주의와 복지국가의 발전에 핵심적인 기반이 되었다. 이는 1938년 대타협으로 구체화하였으며 그 이후의 거의 모든 스웨덴 고유의 혁신적 제도와 정책의 발전에 이바지하였다. 1938년 살츠쉐바덴 대타협은 민주적 거버넌스와 사회적 평등에 기반을 두고 노사협력 구축, 조세개혁을 통한 자본 이익 보장, 대자본의 소유 및 경영권을 보장한 스웨덴식 기업지배구조를 확고히 하였다. 자본 이익의 보장은 스웨덴 모델의 핵심이었다. 동시에 자본세력은 투자와 완전고용, 보편적 복지를 국가와 공동으로 책임지게 되었다.

스웨덴 복지 자본주의는 성장과 고용에 중점을 두고 시장 친화적 경

---

[17] 1970년대 들어 정치적 대립이 커지면서 자본세력은 싱크탱크를 통해 자신들의 이해관계를 구축하고 이념투쟁을 강화하였다. 사민주의자들은 자본의 구조적 힘을 약화시킨 경제민주주의의 문제를 해결하지는 못했으나, 1969 Kirua 파업으로 1970년대 들어 산업민주주의가 비약적으로 발전하였다. 고용보호법, 공동결정법, 작업장환경법 등이 그것이다. 또한 공적연금제도, 1967년 국영 투자은행(Swedish Investment Bank) 설립 등으로 국가가 막대한 공공저축을 통제하게 되면서 신용사회주의(credit socialism) 논란이 발생했다.

제정책과 평등주의적 성격이 두드러진 분배정책을 결합한 것이다. 세계화 시대에도 복지국가 스웨덴이 경쟁력을 가질 수 있는 이유는 성장과 개혁, 분배를 위해 부단히 노력하였기 때문이다. 1970년대 이후 스웨덴 모델이 위기를 경험했지만 1980년대와 90년대 시장 자유화 및 제도 개혁은 경제를 근본적으로 재구조화하였다. 생산시장과 자본시장이 규제로 제약받지 않고, 경쟁이 강화되었기 때문이다. 세제개혁, 연금개혁, 노동개혁 등으로 복지국가의 효율성도 크게 높아졌다. 중요한 점은 이 모든 개혁이 정치사회적 합의로 이루어지고 있다는 것이다. 스웨덴 모델이 놀라운 적응력과 경쟁력을 가지고 있다는 주장은 이러한 논리에 기반을 두고 있다.

1930년대부터 구조조정과 합리화에 힘입어 경쟁력을 갖게 된 스웨덴 산업은 1970년대 들어 여러 대내외적 요인으로 생산성이 낮아지고 취약성을 드러내게 되었다. 외부적 요인에 민감한 스웨덴의 수출 중심 개방경제는 1970년대의 석유 위기와 경쟁국들의 등장으로 위험에 처하게 되었다. 잘 알려진 1980년대의 사회민주당의 '제3의 길' 전략, 1990년대 초의 경제위기, 1990년대의 개혁과 부활 등 20여 년에 걸친 스웨덴 모델의 성격 변화는 본질적으로 스웨덴 모델 본래의 원칙을 되찾는 것이었다. 산업 합리화와 혁신으로 생산성과 경쟁력 회복, 자본의 이익 보장, 고용중시 복지 등이 그것이다. 이러한 원칙은 1994~2006년의 사회민주당 정부에서도, 2006년부터 현재까지 우파 정부에서도 일관성 있게 유지되었다.

스웨덴의 민간기업 중심의 경제는 혁신과 경쟁을 중시하고 시장규율에 기반을 두면서 효율성과 경쟁력을 높여 왔다. 스웨덴을 대표하는 볼

보그룹의 승용차 부문(볼보자동차)이 외국에 매각된 것에서 보듯이 자본에 대한 시장규율은 매우 엄격하다. 따라서 스웨덴 자본은 국내적으로 사회적 감시를 수용하고 사회적 책임을 다할 뿐 아니라, 대외적으로 경쟁력을 확보함으로써 자본의 이익과 자유를 보장받게 되는 것이다. 경제민주화는 기업지배구조 그 자체보다 기업의 경제적, 사회적 역할이 중요했다. 스웨덴에서 경제 민주화와 복지국가의 핵심은 노동 문제였다. 사회적 타협으로 노동문제와 소득분배를 해결하면서 경제 민주화와 복지국가의 제도화가 가능해졌다. 이 과정에서 자본세력이 중요한 역할을 하였고 이는 자본의 이익을 정치사회적으로 보장받는 중요한 요인이 되었다.

참고문헌

김인춘 2007 『스웨덴 모델, 독점자본과 복지국가의 공존』 삼성경제연구소
신정완. 2012. 『복지자본주의냐 민주적 사회주의냐 - 임노동자기금논쟁과 스웨덴 사회민주주의』 사회평론
안재흥 2012 "기업 지배구조와 복지 자본주의의 동학 - 스웨덴 사례" 한국복지국가연구회 엮음 『한국 복지국가의 정치경제』 아연출판부 고려대학교 아세아문제연구소
――― 2013 "스웨덴 사민주의의 복지자본주의와 조세의 정치경제" 『국가전략』 제19권 제4호 통권 제66호 세종연구소
양동휴 2013 "레닌의 오해를 지금도 따를 셈인가" 조선일보 2013. 5. 8
――― 2012 『세계화의 역사적 조망』 서울대학교 출판문화원
이건범. 2013. "한국 대기업집단의 특징과 전망" 한국개발연구원, 삼성경제연구소, 서울대학교 경제연구소 주최 〈한국형 시장경제체제의 모색, 제2차 학술심포지움〉 (2013. 7. 5) 발표 자료
장승규. 2006. 『존경받는 기업 발렌베리가의 신화』 새로운제안
홍기빈. 2011. 『비그포르스, 복지국가와 잠정적 유토피아』 책세상
찰스 킨들버거(주경철 역). 2004. 『경제 강대국 흥망사, 1500-1990』 까치
최연혁. 2014. "스웨덴의 사회협약 전통과 사회협약 창출능력", 유근춘 외 『사회대타협을 위한 사회협약 국제사례 연구와 시사점 - 사회협약 창출능력을 중심으로』 한국보건사회연구원
Bergh, Andreas & Gissur Erlingsson. 2006. "Resilience through Restructuring: Swedish Policy-making style and the Consensus on Liberalizations 1980-2000" Stockholm: The RATIO Institute.
――― 2009. "Liberalization without Retrenchment: Understanding the consensus on Swedish welfare state reforms" *Scandinavian Political Studies* 32: 71~94
Du Rietz, Gunnar, Dan Johansson & Mikael Stenkula 2010 "The Marginal Tax Wedge of Labor in Sweden from 1861 to 2009" The Swedish Network for European Studies in Economics and Business (http://www.snee.org/index_eng.asp)
Hadenius, Stig. 1988. *Swedish Politics during the 20th Century* The Swedish Institute
Heclo, H. and Henrik Madsen. 1987. *Policy and Politics in Sweden: Principled Pragmatism*, Philadelphia: Temple Univ. Press.
Henrekson, Magnus and Ulf Jakobsson. 2000. "Where Schumpeter was nearly Right - the Swedish Model and Capitalism, Socialism and Democracy" SSE/EFI Working Paper in

Economics and Finance No 370 Stockholm

──────── 2003. "The Transformation of Ownership Policy and Structure in Sweden: Convergence towards the Anglo-Saxon Model?" *New Political Economy*, Volume 8, Issue 1

──────── 2011. "The Swedish Corporate Control Model: Convergence, Persistence or Decline?" IFN Working Paper No. 857, Research Institute of Industrial Economics, Stockholm, Sweden

Henrekson, Magnus and Daniel Waldenström 2014. "Inheritance Taxation in Sweden, 1885-2004: The Role of Ideology, Family Firms and Tax Avoidance" IFN Working Paper No. 1032, Research Institute of Industrial Economics, Stockholm, Sweden

Hogfeldt, Peter. 2004. "The History and Politics of Corporate Ownership in Sweden" NBER Working Paper No. 10641 Issued in July 2004

Iversen, Torben and David Soskice 2009. "Distribution and Redistribution: The Shadow From the Ninetenth Century," *World Politics*, Volume 61, Number 3

Iversen, Torben 2005 *Capitalism, Democracy, and Welfare* Cambridge University Press

Koblik, Steven 1975 *Sweden's Development from Poverty to Affluence, 1750-1970* The University of Minnesota

Korpi, Walter. 1978. *The Working Class in Welfare Capitalism* London: Routledge

Lindbeck, A. 1997. *The Swedish Experiment*, Stockholm: SNS

Martin, Cathi Jo & Duane Swank *The Political Construction of Business Interests - Coordination, Growth, and Equality* Cambridge University Press

Pontusson, Jonas. 1994. *The Limits of Social Democracy: Investment Politics in Sweden* Ithaca: Cornell University Press

Roe, Mark J. 2003. *Political Determinants of Corporate Governance* Oxford University Press

Roine, J. & D. Waldenstrom 2008. "The Evolution of top incomes in an egalitarian society: Sweden, 1903-2004" *Journal of Public Economics* 92:366~387

Rothstein, B. 2008. "Anti-corruption - A big bang theory" paper presented at the Nordic Political Science Association meeting in Tromsö, August 2008

Ryner, J. Magnus. 2002. *Capitalist Restructuring, Globalization and the Third Way: Lessons from the Swedish Model* London: Routledge

Sejersted, Francis. 2011. *The Age of Social Democracy - Norway and Sweden in the Twentieth Century* Princeton University Press

Smångs, Mattias 2008 "Business Groups in 20th-Century Swedish Political Economy: A Sociological Perspective" *American Journal of Economics and Sociology* 67(5)

Steinmo, Sven 1988 "Social Democracy vs. Socialism: Goal Adaptation in Social Democratic Sweden." *Politics and Society* 16(4):

────── 1996 *Taxation and Democracy: Swedish, British and American Approaches to Financing the Modern State* Yale University Press

Whyman, Philip. 2003. Sweden and the 'Third Way': A Macroeconomic Evaluation Aldershot: Ashgate

현대 스웨덴의 사회적 합의와 갈등
스웨덴 모델의 이해

스벤 호트(Sven Hort, 前 서울대학교 사회복지학과 교수)

"복지국가는 내력은 짧지만 엄청난 영향력을 지닌 사회적 기획물이다. 복지국가는 국가와 국민의 관계를 개인적 측면에서, 그리고 계층, 세대, 성별로 구분되는 여러 사회 집단의 구성원이라는 측면에서 근본적으로 변화시켰으며, 사회적 불평등을 완화하고 사회적 위험을 최소화하는 데 성공하였다. 1880년대 이후 독일을 필두로 많은 국가에서 서로 다른 경로를 통해 복지제도를 도입하면서 바야흐로 복지국가가 태동하기 시작했다. 제2차 세계대전 직후부터 1970년대 오일쇼크가 발생하기 전까지 수많은 핵심제도가 정착하고 성장을 이루면서 복지국가의 황금기가 도래하였다. 그러나 오일쇼크 이후 복지국가는 근간을 위협하는 난제에 봉착하게 된다. 세계화, 인구고령화, 개인화, 높은 실업률, 사회분열 심화, 재정적자 등 잇따른 정치, 경제, 사회적 격변으로 다음과 같은 의문이 제기되었다. 복지국가는 장기적으로 지속 가능한 체제인가?"

『복지국가: 수립, 해체, 재편 Welfare States: Construction, Deconstruction, Reconstruction』 서론 p. xi-xii, 스테판 라입프리드(Stephan Leibfried), 스테펜 마우(Steffen Mau) 공저(2008)

서론: 『민주적 계급투쟁 The Democratic Class Struggle』의 재고찰

즐라탄 이브라히모비치(Zlatan Ibrahimovic)가 왕이라면, 2012년 스웨덴 축구팀의 킹메이커는 킴 칼스트롬(Kim Källström)이라 할 수 있는데, 좀 더 국제적으로 비유하면 이렇게 말할 수 있다. "메시가 왕이라면 이니에스타는 플레이메이커다." 그리고 이런 비유를 복지국가 비교연구 분야에 적용해 보면 또 이렇게 말할 수 있다. "에스핑-안데르센(Esping-Andersen)이 복지제도 연구의 준거점이라면, 그에게 올라탈 수 있도록 어깨를 제공한 거인은 그가 가장 존경했던 오스트리아 출신의 마르크스주의자 에두아르드 하이만(Eduard Heimann)과 같은 국적의 헝가리계 유대인 카를 폴라니(Karl Polanyi)가 아니라, 현대 복지국가 비교연구 분야의 전문가이자 사회학자인 발터 코르피(Walter Korpi)이다."

1983년 코르피는 C 라이트 밀 상(C Wright Mills Award) 수상작 『복지자본주의의 노동자 계급 The Working Class in Welfare Capitalism』

(1978)에 이어 『민주적 계급투쟁』을 출간했는데, 그 후속작에 수록된 복지모델과 사회정책 관련 내용은 1980년 유럽 정치 전문 저널 《서유럽 정치 West European Politics》에 이미 게재된 논문으로 구성된 것이었다. 이 논문은 전후 복지국가 비교연구의 필독서였던 해롤드 윌렌스키(Harold Wilensky)의 선구적 저서 『평등과 복지국가 Equality and the Welfare State』(1975)에 대응하여 출간된 초창기 유럽 논문 가운데 하나였다. 이후 플로라(Flora)와 하이덴하이머(Heidenheimer)가 1981년 공동 집필한 저서를 비롯하여 비교연구 관련 서적과 논문이 지속적으로 출간되었다. 그러나 제1세대 복지국가 비교연구를 집대성한 사람은 『복지 자본주의의 세 가지 세계 The Three Worlds of Welfare Capitalism』(1990)를 집필한 에스핑-안데르센이었다. 에스핑-안데르센은 1980년대 중반 코르피와 두 편의 논문을 공동 집필한 뒤 꾸준히 연구를 지속하여 탈상품화된(decommodified) 스웨덴 복지체제를 국제 비교연구의 무대에서 단연 돋보이게 하였으니 이 시기는 스웨덴 복지 모델의 황금기였다고 할 수 있다(Hort & Therborn 2012). 그러나 몇 년 뒤 스웨덴 복지 모델은 심판대에 서게 되었고, 1990년대 초반 스웨덴은 경제의 근간을 무너뜨릴 뻔한 경제위기를 겪게 된다. 그리고 이 때문에 스웨덴 복지국가의 지속 가능성에 대한 판단은 여전히 유보 상태로 남아 있지만, 2000년대 들어 스웨덴을 비롯한 북유럽 복지 모델은 다시금 국제적 주목을 받기 시작한다(Kvist et al 2011; Therborn 2011, Kuhnle et al 2010 비교 참조).

본 논문을 통해 필자는 지난 20여 년에 걸친 스웨덴 복지국가의 사회적 프로그램을 둘러싼 타협과 갈등을 면밀히 살펴볼 것이다. 그리고 수

많은 난관을 극복하고 집단행동과 교환체계로부터 인간해방을 추구함으로써 환경을 변화시킬 수 있는 능력 있는 남성과 여성에 대한 이야기를 다룰 것이다.

사회 계급은 여전히 공공 담론에서 인지되며, 현대 스웨덴에서 사회정책 관련 이슈를 둘러싼 사회적 합의와 갈등의 한 축을 형성한다. 성주류화(gender mainstreaming) 역시 순차적이지는 않지만 계속 진행 중인 문명화 과정의 일부로 볼 수 있다(Elias 1969/82). 그러나 공공 서비스 부문의 자원에 대한 통제는 사회의 소득 불평등은 물론, 미래에 대한 기대와 삶의 궤적 및 한계를 결정하는 경험의 측면에서 인간의 삶에 영향을 미치고 있다(Olofsson 2010 비교 참조).

이에 본 논문은 스웨덴을 중앙과 광역, 기초로 나누어 역사적, 제도적 기반에 따라 스웨덴 복지 프로그램을 세분화하였다. 이 부분의 이론화가 제대로 이루어지지 않았다고 보았기 때문이다(Sellers & Lidstrom forthc. 비교 참조). 그러나 이에 앞서 1980년대부터 지금까지 지속된 제도화된 계급투쟁의 본성을 이해하기 위해 국가와 세계 간의 유대를 형성하는 수많은 연결점인 인간 공동체에 대해 간략히 언급하고자 한다.

가상의 공동체의 복지산업복합체

본 논문에서 분석하는 사회적 프로그램과 정책은 스웨덴이라는 가상의 국민복지 공동체(imagined national welfare community)의 복지산업복합체(welfare-industrial complex)라고 불리는 체제의 핵심을 구성한다. 스웨덴에서 농가지원, 소득보장 등 선별적인 적극적 고용 프로그램과 실업자 지원(사회보장), 교육, 말기 환자 간병 등 지방정부가 인적 자원을 투자하여 실행하는 프로그램 및 이들 프로그램을 통해 복지 수혜자로부터 시민, 의뢰인, 공민, 납세자, 임금 소득자, 근로자, 유권자에 이르는 각 개인은 중앙정부가 운영하는 고용서비스(AMS에서 Af로 명칭 변경)나 관계기관인 사회보험청(스웨덴어 약자로 Fk)과 같은 복지제도 조직의 정신과 혜택, 규범, 규칙과 관계를 맺는다. 최근에 신설된 중앙정부 산하 기관에는 연금청과 사회정책 연구문헌에서 자주 누락되는 정치적 농산업복합체와 관련된 비영리단체와 정부 당국의 네트워크가 있다. 시민사회에서 이렇게 공유된 자원과 프로그램은 상호 의존성을 심화하고 강화하는 역할을 수행한다. 또한, 주어진 역사적 조건에 따라 인위적으로 만들어진 고도로 복잡하고 발전된 사회는 공고하고 안정된 수평적 인간관계를 특징으로 한다. 물론, 농민과 노동 운동이 활발하던 시기를 지나 비공식 시장이 증가하는 현대에도 여전히 다양한 사회 계층과 범주에 속하는 구성원들 사이에 사회적 또는 수직적 불평등이 존재하는 것은 사실이다. 이에 대해 혹자는 경계선이 탄력적인 데다가 포괄적이고, 때로는 그 형태를 변화시키기에도 용이하다고 주장할 것이다(Unger 1997 비교 참조). 그러나 유럽의 농업지역이 EU라는 공통 범주로 통합되고 지역 구성원들이 개별적으로 만나거나 면식이 있는 사이가 아니므로, 상상을 통해 하나가 되더라도 가상의 국민복지 공동체는 보통 하나의 국가 공동체에 국한된다.

　복지 수혜자에서 일반시민, 의뢰인, 공민, 근로자, 납세자, 유권자, 임금 소득자, 노동자에 이르기까지 개개인의 마음속에는 자주적 통치가 가능한 소속 공동체, 즉 국가에 대한 이미지가 자리한다. 이는 한마디로 국적과 인간들 간의 유대관계를 파악하기 위해 30년 간 사용된 분석도구의 '소수어적(wamparish)' 해석으로서, 본 논문에서 이 분석도구는 스웨덴의 복지 및 사회−국가 관계의 메커니즘을 탐구하기 위한 탐조등의 역할을 한다(Anderson 2006 비교 참조; Nairn 2007). 이뿐만 아니라, 본 논문에서 살펴보는 수많은 사회적 프로그램은 더 많은 가상의 복지 지역 공동체(ILWC)—공유재 기관(common pool resource institutions)이라는 독특한 개념의 '소수어적' 해석(Ostrom 1990)—를 통해 공동체 거주민들과 공유재 기관의 구성원들에게 현실이 되었다. 이들 공동체 구성원—청소년, 입양아, 성인, 양성애자, 동성애자, 이성애자, 성전환자, 사업가, 아동, 장애인, 말기 환자, 노인, 구직자, 근로자, 사용자, 자영업자, 농부, 여성, 도서관 이용자, 남성, 학생, 청소년, 청년—은 교차 범주화되고, 의도와 달리 자동으로 등록되거나 자발적 자치연대를 형성한다. 연대 형성은 산전 클리닉, 분만실, 아동복지 클리닉, 위탁가정, 양로원, 유치원, 레저 홈, 공공 도서관, 학교, 대학, 병원을 거쳐 무덤으로 갈 때까지 지속적으로 일어난다. 고용서비스를 비롯하여 보험청과 같은 국가 기관 및 각종 조직과 관련된 일상적 경험을 통해 공동체 구성원들은 가상의 이미지를 허구가 아닌 실체로 인식한다. 그들은 또한 세속적인 스웨덴에서 스웨덴 교회(Swedish Church)라는 가장 큰 자발적 복지단체가 후원하는 복지 대상자들이다. 과거 루터 국가 교회(Lutheran State Church)라고 불린 이 교회는 신도 수의 감소에도 불구하고 여전히 전체 인구의 2/3가 신도일 정도로 규모가 크다. 이러한 조직은 정해진 규범과 전통에 따라 활동하지 않으면('복지 스캔들'이 발생할 경우) 입에서 입으로 퍼지는 여론이나 설교단, 미디어를 통해 비난을 받게 되므로 행정적이고 입법적인 변화를 요구할 수밖에 없다. 몇 가지 예외적인 경우도 있기는 하지만, 이들 조직은 보통 지자체 차원이든 지역 차원이든 지방정부에 의해 구성되고 재원이 조달된다. 이러한 충분히 입증된 공유재 프로그램과 정책은 세속적 사회, 국가, 나아가 '모델'까지 변형할 수 있는 구성원들의 고유한 신념과 관행을 형성하고 유지한다. 국가와 지방정부 사이의 개입 영역은 스웨덴식 가상의 복지국가/지역 공동체 및 공유재 기관 모델에서 핵심적인 부분을 차지한다. 이러한 맥락에서 소비자와 서비스 공급자로 이루어진 복지시장 구조가 세계적으로 부상하고 있다.

2011~2012년 스웨덴 복지산업복합체의 구성 요소는 돈과 사람이었다. 공공지출은 스웨덴 GDP의 50% 이상을 차지해 OECD 국가 중에서 가장 높은 수준이었다. 공공지출은 스웨덴에 거주하는 모든 국민의 공동 금고, 즉 노력과 능력에 따라 분배되는 공용 적립금 또는 국고를 통해 이루어진다. 그러나 스웨덴에 거주하는 100만여 명의 사람(전체 노동인구의 27%)만이 지방정부 산하 공공 공유재 기관에 고용되어 있다. 이들은 지방정부에 고용된 공무원 전체의 80% 이상을 차지하며, 대부분 공공 복지산업복합체에서 근무한다.

복합체는 서비스 공급 주체가 민간이든 공공이든 관계없이 조세로 충당되는 사회지출로써 평가된다. 여기서 사회지출은 중앙 및 지방정부가 교육, 건강, 소득보장, 사회 서비스에 지출하는 경비를 말한다. 그러나 공적 재원을 바탕으로 민간 부문이 제공하는 복지 서비스의 정확한 비중은 여전히 파악하기 어려우므로, 사용된 평가 기준이 공공 사회지출이라면 이러한 지출이 공공 부문의 고용에 기여한 정도뿐만 아니라 민간 부문의 고용에 어느 정도 기여하고 있는지를 살펴보는 것도 필요하다.

1980년대 말과 비교해볼 때, 스웨덴 복지 모델은 1990년대 경제 위기의 여파로 축소된 형국이다. 이와 관련해 2012년 유력 경제지 《이코노미스트》는 "약간 더 불평등하고, 훨씬 더 효율적인" 모델로 변모했다고 하였다. 특히 1990년대 중반 들어 사회지출과 공공 복지서비스 부문의 고용은 제한된 반면, 조세 지원을 받는 민간 고용은 2010년 전후로 증가하기 시작해 1990년 약 10,000명에서 2012년 100,000명 이상으로 큰 폭의 상승을 보였다.

본 논문은 또한 다양한 복지 프로그램을 통해 규모가 날로 커져가는 민관 혼합 복지산업복합체를 개괄하고 자세히 분석할 것이다. 이는 기존과는 다른 접근법으로, 보편성(universality)과 같은 추상적 측면이 전면으로 부각될 것이다. 먼저 사회정책으로서의 농업정책을 다루고 이어서 고용 프로그램, 소득지원 프로그램(중앙정부 운영), 지방 및 지역 정부가 주도하는 교육, 보건, 사회 서비스 등과 같은 좀 더 전통적인 복지국가 정책과 프로그램을 살펴볼 것이다. 마지막으로 조세정책 및 조세정치를 통한 복지 프로그램 재원 마련 방안에 대해 논의할 것이다.

한편, 이와는 별도로 본 논문은 주택정책이 폐지된 배경에 대해서도 다룰 것이다. 주택정책의 폐지로 말미암아 무주택 문제가 사회 문제로 대두하였고, 최근에는 주택 값이 비싼 대도시 지역에서 주택 부족 현상이 날로 심화하고 있다. 이렇게 다양한 요소의 결합은 스웨덴의 상황을 전반적인 거시경제정책과 연계하여 분석하는 데 도움이 된다. 스웨덴의 거시경제정책은 조세제도와 적극적 또는 (뮈르달의 표현을 따르면) '생산적(productivist)' 노동시장정책을 포함한 사회복지정책을 바탕으로 오랫동안 면밀히 조율되었다. 적극적 노동시장 정책은 최근 사회투자 패러다임(Morel, Pallier & Palme 2011 비교 참조)이라는 개념으로 이해되고 있다. 2000년대 초반까지 복지와 노동연계복지(workfare) 사이에는 간극이 존재하지 않았다. 물론, 이러한 일관적이거나 포괄적인 공유재 접근법은, 거시경제, 복지, 조세정책을 분리해서 다루는 영미권(또는 한국)의 학계, 공공 부문, 사회과학계의 일반적인 접근법과는 확연한 대조를 보인다.

농업 보조금: 유럽의 구제책

최근 스웨덴의 정치적 역학관계에 큰 변화가 일어났다. 20세기의 대부분을 집권한 사민당의 전통적 파트너였던 농촌 기반의 중앙당이 도시에 거주하는 삼림 소유자와 지주 계층을 대변하는 정당(당명 Stureplanscentern은 스톡홀름의 금융 중심지에 있는 광장의 이름에서 유래)으로 변모한 것이다. 이 정당은 2002년 집권한 노동당연합(Blue Labor Alliance)의 주축 세력이 되었고, 2006년 선거 승리 이후 더욱 세력이 커졌다. 이러한 정계 개편으로 비스마르크식 선별적 사회정책의 성격을 갖는 농업정책이 복지정책에 추가되었다. 이 농업정책에는 (탈)규제된 삼림 (동물) 복지당국이 관리하는 황무지와 사슴 방목을 주업으로 하는 사미(Sami) 공동체 및 그 대표 협회에 의해 자체적으로 규제되는 공동체 복지 시스템에 대한 내용도 포함된다.

하지만 이러한 가상의 공동체가 국가적 차원에서 초국가적 차원으로 넘어가게 되면 스웨덴의 사회적 프로그램과 유럽대륙의 복잡한 사회 모델(그리고 유럽식 사회 모델의 악명 높은 개방적 조정 방안)은 충돌할 수밖에 없다. 농민과 노동자를 주축으로 사회대중운동을 이끌어온 정당 대표들이 만들어낸 일련의 역사적 타협들은 제도적 모델의 기초를 형성했고, 1980년대 말부터 1990년대 중반까지 스웨덴 복지제도의 특징으로 자리 잡았다. 그러나 이러한 사회적 프로그램들은 1980년대의 사회정책 연구문헌에서 크게 다뤄지지 않았다. 1980년대 말, 정치권과 재무부는 재정 전문가 그룹(다른 사회정책 영역으로도 확장했다)을 통해 점점 그 수가 감소하는 스웨덴 농민들의 생계와 울투나(Ultuna)와 알나프(Alnarp)에 있는 전문가 그룹의 역동적인 산하 연구·교육기관을 지금까지 성공적으로 지탱해 온 지원 방식을 단기간에 도입하기 위해 공동의 노력을 기울였다. 그 당시에는 상당히 많은 종류의 현물과 현금 급여가 존재했으며, 대부분은 농업 관련 이익집단과 중앙정부에 의해 공동으로 관리되었다.

 소비자 물가는 매년 영농산업협회와 국가의 협상을 통해 결정되었는데, 국가는 물가 협상 과정에서 일반 식료품 구매자와 도심의 미식가들로 구성된 가상의 국가 공동체 대표 또는 (이보다 철학적으로 표현하면 일반 의지를 대표하는 집단인) 주요 노동조합의 의견도 반영했다. 환경보호 목적이 아닌 농업 재규제 제안은 다수의 도시민을 대리하는 위에서 언급된 대표들과 소수 농민 사이의 다툼거리가 되었다. 신진 녹색당과 농민 기반의 중앙당은 변화라는 새로운 의제에서 유리한 고지를 점했으나 입지가 계속 축소되었다. 그러나 재무부의 열성적인 공무원들은 농무부의 핵심 세력과 정책에까지 영향을 미쳤다. 새로운 정책과 프로그램이 일정 기간 추진되면서 농토가 골프장으로 바뀌었고 현금 보조금은 세금 공제액으로 대체되었다. 이를 통해 일부 지역 지주들은 혜택을 입었으나, 그 밖의 다른 계층의 구성원들, 특히 소와 돼지를 기르는 농가는 이에 격렬하게 저항하고 반대하여 기득권층과의 갈등이 격화되었다. 이러한 갈등은 스웨덴의 EU 가입과 친농민적이고 역행적인 관대한 공동농업정책(CAP)이 발효되고 나서야 일시적이나마 진정되었다. 스웨덴의 EU 가입은, 그 중요성에도 불구하고 지금까지 그다지 특별하게 언급되지 않은 1990년대 중반의 역사적인 대타협을 촉발하였다. 당시 입지가 축소된 중앙당은 일시적이지만 사민당 정부와 다시 연합을 구성하여 한때 세계의 귀감이었던 사민주의 복지국가 체제를 다시금 부활시키고자 했다.

완전고용과 실업률

2012년 말 기준으로, 스웨덴의 실업률은 7~8% 정도를 웃돌고 있지만 유급 고용은 늘어나는 추세다. 500만 명이 넘는 노동 인구 가운데 스웨덴 출신의 20~64세 성인 남녀의 약 80%가 유급 근로자로 고용되어 있는데 근로연령에 속하는 약 100만 명의 국민이 노동인구에서 제외되어 있다. 학생, 청소년 및 최근 이주한 여성이 이 집단에 포함된다. 결과적으로 완전고용은 최악의 경기침체가 발생한 1990년대와 마찬가지로 요원한 목표라고로 볼 수 있다. 그러나 당시 유급 근로자 수 기준으로 가장 낮은 고용률은 71%를 기록했다(1994년 기준).

정책의 효과가 예전만 하지는 못하지만, 완전고용은 여전히 적극적 노동시장 정책의 공식적인 목표다. 이 정책은 노동연계복지의 사민주의 버전으로 설명되기도 한다. 1990년대부터 허용되는 실업률이 달라지고 2008년부터 중앙정부 산하 주무 기관인 고용서비스(Af)의 권한이 축소되고 재조정되었지만, 노동연계복지는 한때 스웨덴 복지 시스템의 가장 중심 요소로 간주되었다. 국제적으로도 스웨덴을 포함한 북유럽 국가들의 복지 모델은 적극적 인력 정책을 바탕으로 한 독특한 체제로 수립되었다. 수십 년간 이 체제는 유례 없는 성공을 거둔 인력 정책으로 여겨졌다. 그러나 1970년대 후반 케인즈주의가 전반적으로 후퇴하면서 앵글로색슨 모델을 기반으로 하는 반복지국가 공세가 이러한 시장개입 모델에 영향을 미치기 시작했다. 북유럽 모델의 폐지 또는 전면적인 개혁이 불가피하다는 논의가 처음 나왔을 때, 유력 경제지 《이코노미스트》가 구원투수로 나섰지만 그러한 영향을 막을 수는 없었다(Lindbeck et al. 1994 비교 참조). 1990년대 이전에는 실업률이 4%를 초과하지 않았으며 경제 침체기 동안에도 적극적 노동정책 덕분에 최대 3%에 머물렀다. 그러나 1990년대 이후 수치와 비율에 큰 변화가 있었고, 변방 지역의 탈산업화는 또 다른 정책 이슈로 주목을 받고 있다. 일우선 원칙(work-first principle)에 따라 중심지와 그 주변 지역으로의 통근과 인프라 투자가 이에 대한 대표적인 해결책으로 제시되고 있다.

소득 보장 - 공적 안전망으로서의 사회보험제도

국가 예산의 측면에서 사회보험은 중앙정부의 사회보장지출에서 상당 부분을 차지한다. 사회보험은 파울 폴 피어슨(Paul Pierson)의 혁신적 저서 『복지국가의 해체 Dismantling the Welfare State』(1994)가 출간된 이후 촉발된 복지국가 축소 관련 연구의 중심 주제이기도 하다. 소득 보장이라는 주제에서 가장 중심이 되는 요소는 연금, 상병보험, 가족현금급여 및 실업보험이다. 소득 비례 소득보장제도는 60~65세와 그 이상 노령층의 소득을 보장하고 중앙정부와 합의된 임금 노동자의 기여금을 유지하기 위해, 그리고 특정 사회적 '위험'(자녀에 대한 투자가 가장 대표적인 사례)을 보조하기 위해 소득 조사(자산 조사와 혼동해서는 안 된다)에 따른 정액 현금급여를 지급하는 것이다. 이 제도는 1,000만 명에 이르는 구성원을 보유한 가상의 복지 공동체가 기본소득을 보장받거나 700만 명 이상의 투표권을 가진 성인 납세자들이 지역 공동체/지방정부가 시행하는 (자산) 조사에 따라 복지급여를 받고 있는 것과 같은 것으로 볼 수 있다. 그러나 이러한 유형의 기본 소득 보장은 1980년대 사회공학자들이 꿈꾸던 것과 거리가 멀었다. 그들은 국내의 합리적인 인도주의자들이 늘 거부했던 도발적인 복지 확대에 이끌렸다. 복지는 노동과 연계된 복지를 의미했다.

스웨덴에서는 사회보장 혜택이 여전히 높고 세금도 비교적 높은 편인데, 이러한 상황은 지난 20년 동안 크게 바뀌지 않았다. 변화가 있다면 현금 급여가 대부분 소득과 연동되면서 그 액수가 증가했다는 것이다. 그러나 한도에는 변화가 없으며, 조사 기간에 상병 및 실업 보험 등 일부 제도에서 삭감이 일어났다.

1990년대 소득 지원과 관련된 가장 중요한 제도적, 법적 변화는 새로운 연금제도의 수립이었다. 종전에는 보편적인 확정급여형 기초연금과 근로기록에 따라 관대한 지급이 이루어지는 포괄적인 소득 비례 부가연금으로 이루어진 이중 제도를 운영하다가 평생의 소득과 자본 이득에 비례하는 확정기여형 통합연금제도로 개혁했다. 이 새로운 연금제도를 통해 스웨덴 정부는 40년간 스웨덴에 거주한 모든 사람에게 최저보증연금을 지급한다.

1980년대 지지부진하게 이어진 주도권 싸움 이후, 1990년대 경제위기의 시기에 고통스러운 양당제 과정이 시작되었다. 이 과정은 당시 정계를 주도하던 네 개의 정당의 지지를 받고 있었고, 1994년 집권 후 2년간 내홍에 시달렸던 사민당이 결국 수용하기에 이르렀다. 정치와 사회 조직의 구성원과 비구성원을 막론하고 기존의 확정급여형 제도의 막대한 비용 부담에 대해서는 한목소리를 냈다. 새로운 연금제도의 중심 목표는 국가의 연금비용 지출을 축소하고, 근로 인센티브를 확대하며, 보험 시스템으로 운영하여 재분배 기능을 축소하는 것이다. 물론, 국가 예산으로 충당되는 최저보증연금은 소득이 적거나 없는 노령층에게 평생에 걸쳐 기초 소득을 보장해줄 것이다. 그러나 연금 개혁이 추구하는 바는 대부분의 은퇴 소득 근로자가 근로와 소득 실적에 따라 연금을 받게 하는 것이다. 이는 장애가 없는 사람들이 은퇴를 70세 이상으로 미루는 효과가 있을 것으로 예상돼 다시금 노동연계복지가 주요 의제로 떠올랐다.

사회보험제도 가운데 두 번째로 규모가 큰 것은 상병보험이다. 이것은 노동인구 전체를 대상으로 하며, 질병으로 말미암아 일시적으로 근로활동을 할 수 없는 사람들에게 매일 현금을 지급하는 형태다. 또한, 의료비 보조를 통해 분권화된 공적 의료기관에 일부 지원하고, 종합병원과 개인병원(치과 포함)에 환급하거나 보험가입자가 개별적으로 직접 지불한 경비의 일부를 환급해 주는 것을 포함한다. 1990년대부터 상병보험제도의 틀에서 운영되고 있는 산재보상제도 역시 지속적인 변화를 겪어왔다. 소득보장의 일부분인 이 제도는 가장 논란이 되고 있는 복지제도이며 이에 대해 공공 당국의 내부에서도 논란이 일고 있다.

1990년대 중반 이후, 상병 및 장애 급여에 의존하는 사람들의 수가 폭발적으로 늘자 우려의 목소리가 들리기 시작했고, 2000년대 초반부터 여러 차례 진행된 제도 개혁으로 열띤 논쟁이 일어났다. 정책 변화와 조직적 적용으로 상병보험은 가혹한 비판적 여론에 노출되고 언론에서 논쟁거리로 자주 등장했다. 보험 당국에 대한 사회적 신뢰도가 추락하면서 이 기관이 복지국가 공동체의 주요 축을 담당해도 되는지에 대한 논란이 일어났다. 이러한 상황은 공유재 기관들에 부정적인 영향을 미칠 것이다.

그러나 보험 당국에 대한 비판은 이러한 소득보장제도의 또 다른 영역인 부모보험과 이와 유사한 가족현금급여 그리고 주택급여로 전가되지는 않았다. 이들 급여 역시 중앙정부 산하 보험 당국이 관리한다. 지난 20년간 여성과 남성이 일과 부모의 책임을 양립할 수 있도록 수많은 사회복지개혁이 시행되었으며, 그중 '아동 및 가족 친화적' 복지 프로그램들은 북유럽 모델의 현재 이미지를 구축한 독특한 제도라고 할 수 있다. 보편적 아동급여(1948년부터 시행) 이외에도 오늘날 스웨덴의 부모들은 소득 비례 휴직급여를 아이가 태어나고부터 480일 동안 받을 자격을 부여받는다. 휴직급여는 부모가 나누어 받을 수 있다. 1990년대 중반 이후에는 유아기에 아버지가 육아를 담당할 수 있도록 '아버지 양육기간'을 별도로 두었다. 그렇지 않으면 이 기간에 육아 책임은 여성의 몫이 될 수밖에 없기 때문이다. 이뿐만 아니라 모든 아버지는 아이가 태어나면 열흘간의 휴가를 낼 수 있는 자격을 부여받는다. 또한, 8세 이하의 아이가 아프면, 부모 중 한쪽 또는 다른 보험 가입자가 임시 육아휴직(아이 한 명당 1년에 120일까지)을 신청하여 소득 손실을 보상받을 수 있다(소득의 80%). 편부모는 육아 휴직 기간을 최대로 쓸 수 있으며, 선지급으로 급여를 받는다(원칙적으로 이혼 후 비양육 부모(보통 아버지)로부터 국가기관이 재징수). 부모들이 일과 가족을 양립할 수 있도록 8세 이하 자녀를 둔 부모들은 2시간 정도 근로시간을 줄일 수 있는데, 이에 따른 임금의 감축분은 보상받지 않는다. 덕분에 출산율이 유지되고 높은 수준에서 안정을 보이고 있다. 스웨덴 정부는 또한 고아와 장애아에게 특별 급여를 지급하는데 장애인 정책은 1990년대 경제위기 이후 주요 사회적 관심 사안으로 대두하였다.

    가족생활과 유급근로는 양립하기가 쉽지 않다. 그러나 가정의 지속가능성을 높이고 특히 어린 세대에게 삶을 누릴 기회를 보장하기 위해 적극적 노동시장정책과 실업의 위험에 따라 아동 지원 제도를 설계하고자 했다(Kravchenko 2008). 근로를 유도하기 위한 성 평등 정책은 이러한 개입 조치의 중심이었다.

    앞서 언급했듯이, 실업보험은 적극적 정책과 일자리 창출보다는 부차적인 요소로 간주된다. 이러한 '수동적' 제도의 설계는 공제조합과 공장노동자 노조운동 사이의 역사적으로 긴밀한 관계를 반영한다. 실업자들에게 지급되는 (노동조합) 기금은 실업공제조합에 의해 자발적으로 조직되지만 주로 사용자가 국고에 납부한 기여금을 통해 재원을 조달한다. 실업급여는 과세 대상이며, 자격을 부여받으려면 종업원은 12개월 연속으로 관련 조합에 가입해야 하고 그보다 더 오랜 기간에 걸쳐 동일 시간 동안 일정한 직무를 수행해야 한다. 국가가 정하고 노조가 수용한 엄격한 규칙으로는 급여가 지급되기 전에 대기 기간이 있다는 것이다.

2007년 제도 개혁으로 보험료가 세금 공제의 대상에서 제외되었는데, 이는 복지와 노동연계복지의 분리를 확연히 보여주었다. 나아가 대부분의 경우 공제조합들은 가입비를 인상해야 했다. 이는 50만 명 정도의 회원이 탈퇴하는 상황으로 이어졌고 동시에 공제조합의 규모 축소를 불러왔다. 이와 더불어 새 정부는 의무 제도를 발표했다. 이 제도는 현 정부가 집권한 지 6년이 지난 지금까지 여전히 그 효과가 의문스러워 시행되지 않고 있으며, 2006년 정권 교체 이후 가장 규모가 큰 복지 '재조정(recalibration)'으로 노조의 불만이 즉각 제기되었다. 그리고 이렇게 제도화된 민주적 계급투쟁은 여전히 진행되고 있다.

공적 부조 또는 사회부조는 여전히 사회보험의 틀 밖에서 운영되고 있다. 공적 부조는 국내법에 따라 지방 당국이 관리하는 현금지급제도이다. 이는 빈곤층 근로자가 위기의 시기에 마지막으로 의존할 수 있는 수단이자 근로활동을 하지 않는 빈곤층과 극빈층의 기본적 요구를 충족하는 수단이다(후자의 경우, 자선단체, 직접적인 구걸 또는 비슷한 활동에 기대지 않을 때 지급한다). 공적 부조의 운영은 경제 국면에 따라 다르다. 즉, 호황기보다 침체기에 더 활성화된다. 1990년도 공적 부조 수혜자와 2010년도 수혜자는 전혀 다른 사람들이지만, 이와 관계없이 수혜자들에게 따라붙는 오명은 벗어나기 어렵다. 복지병이라 일컫는 의존 문화가 아직 뿌리를 내리지 않았지만, 1990년대의 긴 침체기 동안 사회부조는 재정적 압박에 시달렸다. 전체적인 사회지출 가운데 사회부조는 그 기간에 가장 적은 비중을 차지했다. 그러나 사회부조는 '보편주의로부터의 이탈'이나 보편 복지국가의 해체를 가늠하는 지표로 여겨졌다. 지난 10년 동안 크게 주목받지 못했던 민감한 사회적 척도로서 사회부조의 역할은 복지 연구가 아닌 빈곤 연구에서 끊임없이 등장했고, 특히 편부모 슬하의 아동 빈곤 문제를 통해 자주 언급되었다. 사회부조는 앞으로 항구적 긴축 재정을 운영하는 지역 공동체에 지속적으로 영향을 미칠 것이다. 또한, 일을 위한 복지(welfare-to-work), 노동연계복지(workfare)를 포함한 협력·조정·결합·동의·강제를 통한 개방형 방식들에 대한 국가적, 대중적, 사회과학적 논의에도 영향을 미칠 것이다.

보건, 교육, 개인 사회 서비스의 분권화 및 탈규제화

한국은 중앙 집권화 정도가 높은 국가이지만, 스웨덴은 분권화 정도가 가장 높은 국가라고 할 수 있다(Cumings 2005; Hort & Kuhnle 2000 비교 참조). 스웨덴에서는 개인 소득세율이 지역 차원에서 결정되지만, 세금은 중앙정부 기관이 징수하며, 중앙정부의 부정적인 개입 없이 지방 당국으로 재분배된다. 사회복지정책은 아동, 장애, 교육, 가족, 성 평등, 보건, 이민, 노인 부양, 지방 및 도시 개발 등에 대한 정책을 포함한다. 주요 특징은 대부분의 경우 중앙정부가 직접 운영하지 않고 지방정부가 주관한다는 것이다. 즉, 약 290개에 달하는 지자체, 20개의 주정부 및 지역 행정당국(헌법상 같은 권한 수준)이 담당하고 있다. 교육과 보건에서 공공 부문의 독점이 이루어진 것은 상당 부분 전후 중앙정부의 계획에 따른 것이지만, 해당 업무는 지방 또는 지역 당국이 개별적으로 시행하였다. 오늘날에는 정부 간 또는 정부 내에서 공동사업이 추진되고 있다. 즉 공공 부문끼리의 파트너십이 이루어지고 있다. 사회지출의 측면에서 지방 및과 지역 정부에는 사회보험 만큼 투자가 이루어지며, 재원은 대부분 지방과 지역 당국에 의해 결정된 직접 소득세를 통해 조달된다. 지자체와 주정부 경비의 약 25~33%는 정부 당국 간 이전수익을 통해 조달되지만, 부유한 주정부와 지자체는 조세 기반 구조와 관계없이 제공된 서비스의 동일화에 기여한다. 2012년에는 약 GDP의 약 30%가 지방 복지 지출에 쓰였으며 주로 소득세를 통해 재원을 충당했다. 지방정치는 전반적으로 활성화되고 중앙의 감시를 받고 있으나, 정치 전반에 걸쳐 당 활동과 당원 가입률이 감소하는 추세이다. 그러나 국수주의를 표방하는 새로운 우파 정당은 예외이다.

'요람에서 무덤까지'라는 생애주기 접근법은 스웨덴 복지제도의 특징이다. 물론, 요람과 마찬가지로 장례 비용은 보통 개인이 부담한다. 엄밀히 말하면 복지제도는 아이가 태어나기 전에 시작되어 죽기 전까지 지속된다. 성 건강 안내 및 예방 센터(세속주의적으로 낙태를 찬성하는 입장을 고수하는 데 따른 무료 낙태 시술)와 산전 교육 및 임신부 정기 검진을 제공하는 산부인과 병원 등 임신·출산 관련 복지 서비스를 시작으로 취약한 노령층을 대상으로 개인 사회 서비스를 제공하는 것으로 끝이 난다. 물론, 복지 서비스는 경쟁 관계의 정당들이 선거철만 되면 입버릇처럼 말하듯 거저 주는 경품이 아니며, 국내 거주 납세자 겸 유권자가 그 비용을 부담하고 있다. 무료 보건 서비스는 주정부 관리국에 의해 널리 제공되고 운영된다. 보건 부문 지출은 1960~1980년 사이 GDP의 3%

에서 9%로 증가했는데, 1980년대에는 이보다 높은 수준으로 유지되었고 그 후 약간 감소했다. 비용 억제가 무엇보다 국가 재정의 최고 목표였기 때문이다. 여전히 보건 서비스는 기본적으로 공공 기관에 의해이 제공되며, 새로운 시장을 형성하고 있는 민간 병원들은 주로 공적 재원을 지원받는다.

지난 10년 이후, 스웨덴은 초중등 기초교육을 시장화하는 데 앞장서 왔다. 약 100년 동안 기초교육제도는 다른 북유럽 국가들과 마찬가지로 중앙-지방 정부의 개입이 혼합된 공적 분야였다. 1990년대 초반 이후, 기초교육의 대부분은 지방정부가 담당했으며 주로 지방소득세를 통해 재원을 조달했다. 그러나 민영화의 추세가 거세게 일어나기 시작했다. 대부분의 비용은 지방정부 예산을 통해 조달되지만, 유치원, 탁아센터, 방과 후 활동 기관의 이용에 대해서는 사용료가 부과되었다. 1세 이상의 모든 아동은 유치원이나 탁아센터에 들어갈 권리가 있으며, 7세부터는 초중등 기초교육기관에 의무적으로 다녀야 한다. 7세부터 시작하는 의무교육은 9년간 지속된다(실제로는 12년일 경우가 많다). 국내법에 따라 기초교육은 무료로 제공된다. 기초교육제도의 조직은 지방정부에 의해 이루어지지만, 많은 지자체는 바우처를 통해 공적 재원으로 비용을 충당하는 사립학교도 운영한다. 그 결과 학교는 학생 유치를 위해 경쟁하며, 부모는 공립과 사립을 막론하고 유명 학교의 소비자가 되었다. 이러한 실험은 여전히 논란의 중심에 있으며 현재 상태가 계속 유지될 가능성은 그리 크지 않다. 대학교육은 중앙정부가 독단적으로 관리하고 있으며, 학생들은 등록금을 내지 않는다. 학생들은 장학금과 대출금의 혼합 시스템을 통해 기본 생활비를 충당할 수 있다.

보건의료 및 교육 제도는 최근에서야 규제가 완화되었고 오랫동안 정부와 학계 전문가에 의해 상명하달식으로 조정되어 왔지만, 비전문가와 지방정부는 전통적으로 노인 및 장애인 돌봄 서비스 조직에 좀 더 재량권을 가지고 있었다. 관할 주체 간 이러한 편차는 1990년대 중반 들어 더욱 커졌다. 당시 주정부는 법에 따라 노인 및 장애인에 대한 일부 의료 서비스 책임을 지자체에 이관해야 했으나 최근 들어 중앙정부는 노인 및 장애인 복지 서비스 관리 강화에 나서고 있다. '알짜 고객 대상 서비스'와 같은 부작용과 공공과 민간을 막론하고 노인과 장애인에게 돌봄 서비스를 제공하는 기관의 부당행위와 같은 문제점을 어느 정도 인식했기 때문이다. 인구 고령화, 여성의 노동 참여 증가, 정상화(normalization)와 독립적인 생활이라는 개념이 강조되면서 노인과 장애인에 대한 복지 서비스는 가족과 당국 모두에게 큰 사회적 문제로 대두하였다. 지방정부는 지역사회 보호(community care)에 책임이 있으나, 양로원 등과 같은 서비스는 영리 또는 비영리 제공자에게 외주로 위탁될 수 있다. 이와 마찬가지로 지역 당국은 장기적으로 심각한 정신 질환이나 또는 육체적 질환을 앓는 사람들에게 주거, 고용 및 기타 지원 서비스를 제공할 책임이 있다. 일부 지자체는 바우처를 통한 서비스 선택 제도를 도입하였지만, 그러한 복지 서비스의 제공을 민간 외주업체에 위탁하는 지자체도 있다. 나아가 지자체들은 주정부 또는 민간 외주업체의 지원을 받는 치료 서비스가 종결되었지만 집에서 지방 당국이 제공하는 24시간 돌봄 서비스를 받을 수 없어 병원에 머물러야 하는 환자들의 입원비를 지원할 의무가 있다. 또한, 최근 몇십 년 동안 지자체는 스웨덴으로 이주해온 이민자들(피난민 또는 다른 형태의 이주자들)의 사회적 통합을 이루어내야 할 책임도 지게 되었다. 중앙정부 역시 때에 따라 이에 개입하고 있으며 최근 들어 이 분야에서 좀 더 적극적인 역할을 수행하고 있다. 이민자 관련 서비스 중 일부는 비영리단체 또는 종교자선단체가 주축이 된 자발적 복지단체가 제공하고 조세를 통해 일부 재원이 조달된다. 반면 이 서비스를 영리단체에 외주를 주는 지자체도 있다.

지자체는 또한 주택공사를 소유하고 있다. 주택공사는 스웨덴 인구의 약 20%에게 임대 아파트를 제공한다. 상기 언급했듯이, 지자체는 스웨덴에서 고용 규모가 가장 큰 공적 사용자이다. 약 100만 명에 이르는 사람이 지자체에 고용되어 있으며, 대부분 학교나 요양보호사로 재직하고 있다. 주정부는 두 번째로 고용 규모가 큰 공적 사용자이다. 25만 명을 고용하고 있으며, 주로 보건의료 부문에 고용이 집중되어 있다. 종합적으로 볼 때, 지방과 지역 정부는 고품질의 보편적 사회복지의 근간이라 할 수 있다. 1990년대 초반 폐지된 것이나 다름없는 주거복지 서비스도 지방정부가 담당한 정책 영역이었다. 그러나 공공 주택 사업을 지역의 민간 부문에 이전할지를 둘러싸고 중앙-지방 당국 간 갈등이 깊어졌다. 그 결과, 중앙정부는 평가, 감사, 품질관리를 통해 전후 초기 몇십 년간의 복지국가 건설 기간에 지방정부가 쟁취한 독립성에 '제동'을 거는 방향으로 선회했다. 정부와 정당은 물론 노동시장의 조합주의자 모두가 늘 단체행동(collective action)의 논리를 따르는 것은 아니다. 복지국가의 해체와 재편은 논란이 끊이지 않는 문제이다. 광범위한 세력을 가진 스웨덴 교회와 같은 유력집단을 포함하여 많은 시민사회 주체들이 보편주의와 선별주의라는 복지이념에 따라 제도, 권력 및 자원을 둘러싼 논쟁에 개입하고 있다. 복지국가의 도덕적 논리는 낮은 합리성을 취약하게 하였고, 경제적 이익과 정치적 이익의 충돌은 정치권과 정부 모두에 암울한 결과를 가져왔다.

주택- 국가 정책 영역의 실종

스웨덴에서는 가계부채 증가와 거품붕괴의 가능성에도 불구하고 주택문제가 크게 이슈화되지는 않았지만, 무주택 문제가 점차 사회적 문제로 대두하고 있다. 대부분의 서구 국가와 마찬가지로 20세기 이후 국민 다수가 집을 소유해 왔고, 현재는 주거의 질도 높은 수준에 이르렀다. 20세기 들어 도시화가 진행되면서 단기적으로 공공주택의 역할이 증대한 시기가 있었다. 그러나 지난 20년 동안에는 민간 주택의 역할이 증대했고, 주택대출에 대한 세금공제가 이루어지면서 민간 은행이 혜택을 보게 되었다. 1980년대 초반 공공주택 보조금이 논란의 대상으로 떠올랐고 급기야 1990년대에는 보편적 주택정책이 막을 내리게 되었다. 중앙정부의 주택부(Ministry of Housing)는 1991년 말 폐지되었고 강등된 중앙정부 주택정책 담당 기관들은 스톡홀름에서 다소 멀리 떨어진 도시로 이전되었다. 지방정부 차원에서 지자체 건설조합은 여전히 사업을 유지하고 있었으나 1990년대 주택건설은 거의 이루어지지 않았다. 2000년대부터 대학도시나 대도시 주변과 같은 급성장 지역에서 주택건설이 붐을 이룬 예외가 있으나, 전반적으로는 주택 부족이 심화된 상황이다. 이 시기에 일부 전위적 지자체는 기존 물량을 민영화하는 방식을 택했다. 이는 소유주 거주 아파트와 주택시장 확대를 선호하는 중앙정부에 의해 장려된 시책이었다. 주택정책 폐지의 의도치 않은 결과로, 젊은 세대, 특히 대학생들이 독립하지 않고 부모와 함께 거주하는 추세가 지속되었다. 물론, 이러한 추세는 규모가 큰 대학도시나 대도시에 국한된 것이다. 이 지역 젊은 세대는 세입자가 되거나 경제적 상황이 좋아져 부모의 도움을 받아 은행 대출을 통해 집을 구하기 전까지 이러한 거주 패턴을 보인다.

이와는 반대로, 지자체 주택공사는 국가 차원의 공동 정책기관은 아니지만 여전히 주택시장의 주요 참여자라고 할 수 있다. 주택은 사회의 미시적 수준, 즉 지방에서 여전히 중요한 복지요소로 간주되며, 특히 퇴거나 무주택 문제로 사회복지 당국이 아동과 노인을 보호하기 위해 개입해야 할 수도 있다. 지방 및 전국 세입자협회의 통제를 받고 수익에 한도가 있었지만 주택공사는 1990년대부터 지자체의 재원 조달자로서 역할이 증대되었다. 물론, 재정상 이들 회사는 좀 더 큰 지자체 공사들에 편입되었지만(문화, 에너지, 스포츠, 수자원 부문 등), 이 때문에 지방 당국의 통제에서 벗어나 업무의 투명성이 저해되고 심지어 부정 관행이 장려되는 영역이 형성되었다. 2012년 지자체 주택 물량은 역대 최대 25%를 웃돌던 1980년대보다 그 비중이 축소되었지만 여전히 전체의 20%에 육박했다. 1980년대부터 지금까지 벌어진 지자체 간 물량 격차는 지금도 상당히 크다. 이들 주택공사는 1960년대와 1970년대에 지어진 대형 주택단지의 개조와 개선에 대한 투자라는 시급한 문제에 직면해 있다. 지자체는 주로 전후 초기에 지어진 건물의 관리를 맡은 반면, 민간 투자자와 건설회사 등 민간 부문은 날로 확대되는 광역지역에서 소유주 거주 주택이 증가하는 추세에 일조했으며 노인 거주

아파트 건설에도 이바지했다. 1970년대에는 거의 모든 형태의 주택제도가 공격의 대상이어서 그 이후에 지속적으로 개발된 새로운 국가정책은 독립적인 생활을 강조하고 노인과 장애인이 스스로 높은 삶의 질을 유지하며 살아가도록 하는 데 중점을 두었다. 그 결과, 집에서 혼자 살 수 없는 사람들은 집단 주택과 요양원을 이용할 수 있게 되었다. 이런 배경에서 위에서 언급한 복지기관들의 위법 행위가 발생했으며, 이는 우려할 만한 사회적 문제로 대두하여 관련 민간 업체들이 공공 기관의 엄격한 통제와 감시를 받는 결과를 초래했다.

조세와 복지산업복합체 재원 조달

거대 복지국가의 재원조달 문제를 살펴보려면 인력이든 비용이든 그 수치만 고려해서는 안 된다. 복지국가의 위기는 재정상의 위기를 촉발해 국가의 조세 징수와 복지 제공 역량은 복지국가의 태동기보다 더욱 복잡한 양상을 띠게 되었다. 복지국가 위기론이 세계적 담론으로 부상한 이래, 좀 더 정확하게 말하자면 복지국가 해체가 국내 정책의 의제에 포함된 지 10년이 흐른 지금, 스웨덴은 품질과 배분 공정성 수준이 전과는 다르지만 공유재의 지속 가능성을 확실히 입증하였다. 2012년 전반적인 재원 조달 방식은 전후 복지국가 수립 시기와 비교해 크게 달라지지 않았다. 복지 재원의 1/3은 지방 당국이 직접 소득세로 충당하고, 2/3는 중앙정부가 징수하는 두 가지 유형의 간접세(부가가치세와 고용세 또는 1990년대에 재도입된 근로자 사회적 기여금을 포함한 이연 임금)로 충당되는데, 1990년 제도의 전면 개편이 이루어지고 포퓰리즘 정치의 일환으로 2007년 논란의 대상이었던 종부세가 폐지되었음에도 이러한 재원 충당 방식은 변함이 없다.

앞에서 기술했듯이, 세계금융의 위기와 항구적 복지긴축의 시대로 접어들면서 복지국가들은 상처를 입었지만 여전히 강건함을 입증하였다. 1990년 조세개혁 이후 조세회피 경향도 줄어들어 사회적 이슈로 부각되지 않고 있으며, 국세청은 (예를 들어, 사회보험청과 비교해 상대적으로) 높은 평가를 받고 있다. 납세는 국민의 기본 의무이며, 세금은 게으르지 않다고 여겨지는 모든 개인에게 예금 인출권이 부여되는 '국민의 은행'에 예치된 예금이다(국고). 납세의 의무를 다해야 여전히 관대한 복지제도의 수혜자 자격을 부여받을 수 있다는 이러한 개념은 보편적 복지 모델의 옹호자들에 의해 대다수 국민의 신념과 사고 속에 뿌리를 내렸다. (어느 싱가포르 사람의 표현을 빌자면, "부자가 되는 것은 대단한 일이지만 세금을 내는 것은 영광스러운 일이다.") 또한, 1990년부터 2006년까지 큰 폭의 세금인상이 없었기에 조세저항이 낮았던 것으로 보인다. 사실 이 시기에는 세금부담이 완만하게 하락하는 추세였고, 2006년 이후에는 유급 근로자들에게 큰 폭의 세금환급이 단행되기도 했다.

1990년대 후반부터 공공 수입과 지출은 기본적으로 균형을 이루었고, 사회적 지출은 다소 엄격하게 통제되었다. 2000년대에 들어서는, 2008년 미국발 대규모 금융위기가 닥치기 전까지 재정흑자를 유지했으며, 공공부채에 대한 이자는 물론, 원금도 대부분 갚았다. 사민당 정부가 담당했던 공적 책임은 대부분 동결되었는데, 특히 복지긴축의 확대와 '재조정(recalibration)'이 이루어지면서 지자체는 중앙정부의 엄격한 통제에 따라 복지를 실행하게 되었다. 한편, 지난 10년간 경제는 전반적으로 성장세를 보였지만, 공적 책무의 확대 또는 복지산업복합체의 성장으로 이어지지는 않았다. 녹색당 및 좌익당과 소극적 연정을 구성하여 집권하게 된 사민당은 사회적 급여의 소폭 상승과 소득세 감소의 균형을 맞추기 위해 노력했다. 이는 복지담론에서 "사적 풍요, 공적 빈곤"이라는 말로 통했다. 그럼에도 스웨덴의 전통적 통치자의 기반을 취약하게 한 것은 일 중심 원칙의 관대함이었다.

결론: 항구적 긴축 시대에서 불안정한 합의와 지속 가능성의 시대로?

20세기의 대부분을 집권한 사민당과 전통적인 연합세력인 농민당(중앙당)은 1990년대 말부터 항구적 복지긴축을 지속 가능한 성장으로 변화시켰다. 그러나 얼마 못 가 제도화된 계급투쟁의 결과로 이루어진 합의가 불안한 양상을 보여 새로운 갈등이 전면에 등장했으며 이는 새로운 연합의 탄생으로 이어졌다. 그리고 마침내 2006년 사민당은 신(또는 블루칼라) 노동당을 중심으로 새로운 연합을 구축한 정치 세력에 정권을 넘겨주었다. 새로운 집권 세력은 중도당과 최근 자유당이 추구하던 기존의 신자유주의적 시도와 반대로 전통적인 사민주의적 노동연계복지 모델로 돌아가고자 했다. 이들은 옛 모델을 해체하고 1930~40년대 사민당을 이끌었던 역사적인 지도자 페르 알빈(Per Albin)의 부패한 후손들이 추종한 복지주의 로드맵에서 벗어나고자 했다. 그러나 가장 먼저 태도를 바꿔 신자유주의의 기치를 내건 것은 이 연정의 파트너였던 농민 기반의 중앙당이었다. 반면 연정의 네 번째 구성원인 기민당은 온

건주의적 신보수주의를 대변하였는데, 이 자발적 의지의 연합체는 지금까지 축적된 복지 운영 노하우와 우호적인 정세에 힘입어 복지산업 복합체 재편 프로젝트를 달성할 수 있었다. 일 중심 원칙은 새로운 집권 연합세력이 추구하는 행동 원칙으로 자리를 잡아 혜택에 앞서 의무를, 복지에 앞서 노동을 수행하게 하는 데 기본 바탕이 되었고, 불필요한 지원금은 폐지하고 세금의 엄격한 통제와 방만한 시스템 운영의 방지를 위한 토대가 되었다. 2008년, 전 세계를 휩쓴 금융위기는 이들 세력에 유리하게 작용하여 2010년 총선에서 정권 재창출의 성공 기반이 되었다. 유로존이 불안정한 시기에 이룩한 견고한 경제성장은 이 정부의 국제적 위상을 드높였다. 이에 힘입어 2014년 다시 한 번 정권을 재창출하게 된다면, 비사민당 세력의 집권 기간은 사상 최장으로 기록될 것이다. 하지만 불평등 심화로 불만이 쌓여 적대감을 갖게 된 유권자들이 이 정권을 외면할 가능성도 높다(참조: 이 글은 2012년에 집필한 것임).

스웨덴에서는 대부분의 서방 선진국에서와 마찬가지로 시장화와 민영화가 사회 또는 국가 공동체의 구석구석까지 영향을 미치고 있다. 이러한 현상은 다시 부패 관행, 복지제도 및 사회적 신뢰 간의 관계를 중심으로 정부의 관리능력에 대한 대중의 관심을 촉발하였다. 이는 복지국가 비교연구 분야에서 최근 주목받고 있는 주제로 제 3 또는 4세대 연구의 출현을 의미하는 것일 수도 있다(Rothstein 2011; Papakostas 2012 비교 참조). 실제로는 여권운동과 노동운동 단체 및 임시로 구성된 그룹 그리고 무엇보다 지자체 차원에서 시장화와 민영화에 대한 격렬한 저항이 일어났다. 좀 더 평등하고, 관대하고, 고품질, 고부담이면서 보편적이지만 "탈상품화"의 특성이 크지 않은 스웨덴의 사민주의 복지국가

체제는 복지산업복합체를 여전히 굳건하게 유지하고 있다. 변화에 적응하며 활기를 잃지 않는 스웨덴 복지국가는 지역 차원의 복지 공동체와 공유재 기관이라는 진화된 복지 시스템의 구축을 시도하고 있다.

참고문헌

Anderson, B. (2006): *Imagined Communities*. London Verso (3rd ed).
Cumings, B. (2005): *Korea's place in the sun – a Modern History*. New York: Norton & Co (2nd ed).
Economist (2012): "Sweden – the new model" (Oct 13th)
Elias, N. (1969/82): *The Civilizing Process*. Vols. I & II. Oxford: Blackwell
Esping-Andersen, G. (1990): *The Three Worlds of Welfare Capitalism*. Cambridge: Polity Press.
Flora, P. & Heidenheimer, A. (eds) (1981): *The Development of the Welfare State in Europe and America*. New Brunswick: Transaction
Hort, S. E. O. (forthc.): *Social Policy, Welfare State and Civil Society in Sweden*. Lund: Arkiv. [3rd ed of Social Policy and Welfare State in Sweden; 1990; 1993 respectively]
Hort, S.E.O. & Kuhnle, S. (2000): "The coming of East and Southeast Asian welfare states". *Journal of European Social Policy* Vol. 10 No. 2 (May) [reprinted in Leibfried & Mau 2008].
Hort, S. & Therborn, G. (2012): "Welfare and Citizenship: Politics and Social Policies" in E. Amenta et al (eds) The Riley-Blackwell Companion to Political Sociology. New York: Riley-Blackwell.
Korpi, W. (1983): *The Democratic Class Struggle*. London: Heinemann.
(1978): *The Working Class in Welfare Capitalism,*. London: Routledge & Kegan Paul.
Kravchenko, Z. (2008): *Family (versus) policy – combining care and work in Russia and Sweden*. Huddinge: Sodertorn U P (Diss.)
Kuhnle, S. et at (eds): *The Nordic Model – a Basic Reader*. Shanghai: Fudan U P (forthc. In Japanese)
Kvist, J. et al (eds): *Changing Social Equality – the Nordic Model in the 21st century*. Bristol: The Policy Press
Liebfried, S. & Mau, S. (eds): "Introduction" in The Welfare State: Construction, Deconstruction, Reconstruction. Vols. 1-3 Cheltenham: Edward Elgar.
Lindbeck, A. et al (eds) (1994): *Turning Sweden Around*. Cambridge, Ma: MIT Press
Morel, N., Pallier, B., & Palme, J. (eds) (2011): *Towards a Social Investment State – Ideas, policies and challenges*. Bristol: The Policy Press.
Nairn, T. (2007): "The Enabling Boundary". *London Review of Books* (Oct 17th)

Olofsson, G. (2010): "Income inequality and the service sectors" in S.E.O. Hort (ed) From Linnaeus to the Future(s) – Letters from afar. Kalmar and Vaxjo: Linnaeus U P

Ostrom, E. (1990): *Governing the Commons*. Cambridge: Cambridge U P.

Papakostas, A. (2012): *Civilizing the Public Sphere – Distrust, trust and corruption*. London: Palgrave.

Pierson, P (1994): *Dismantling the welfare state?* New York: Oxford U P

Rothstein, B. (2011): *The Quality of Government – Corruption, Social Trust and Inequality in International Perspective*. Chicago: The University of Chicago Press

Sellers, J.M. & Lidstrom, A (forthc.): "Local Government and the Welfare State" to be published in Governance (downloaded 2012-10-10).

Therborn, G. (2011): *The World – A Beginner's Guide*. London: Sage

Unger, R M (1997): *Politics – the Central Texts*. London: Verso

Wilensky, H (1975): *The Welfare State and Equality*. Berkeley: University of California Press.

| 2부 |

스웨덴 복지 모델의 특징

스웨덴 모델은 왜 일본 모델보다 효과적이었을까?

최영준 (고려대학교 행정학과 교수)

서론

어떤 국가가 더 좋은 '시스템(system)'을 가졌는지를 비교하는 것은 항상 시간 의존적이다. 왜냐하면, 그 시스템은 고정된 것이 아니며 끊임없이 도전받고 보호받으며 때로는 새롭게 정의되기 때문이다(Streeck 2001). 시스템이 고정된 것이 아니듯 그 안에 있는 제도들의 배열 역시 유동적이고, 시스템을 둘러싼 구조 역시 고정되어 있지 않기 때문이다. 한 예로 산업화 시기와 탈산업화 시기가 다르고, 노령화 등 인구학적 구조와 관련된 다양한 요인 역시 시스템의 작동에 주요한 압력으로 작용한다. 좀 더 직접적으로는 구조 자체의 압력보다는 구조를 해석하고 대응하는 시스템 내의 행위자가 끊임없이 변화하기 때문에 시스템 역시 항구적으로 균형(equilibrium)을 유지할 수는 없다(Thelen 2004). 결과적으로 어떤 시스템에 대한 모델을 비교하고 논하는 것은 시간과 독립될 수 없으며, 어떤 구조와 시점 내에서 논의되는지가 매우 중요하다.

그럼에도 동태적 '시스템'을 정태적인 모델로 정리하여 이해하는 것은 한국의 현재를 개선하고 미래를 바라보는 데 다양한 장점이 있다. 한국은 급격한 저출산 고령화, 노동시장의 불안정성, 빈곤과 불평등의 심화, 소비의 둔화 등 다양한 사회경제적 변화를 겪고 있다. 이러한 이슈들을 다루기 위해서 정부는 다양한 정책과 프로그램을 도입·확장하고 있지만, 거시적인 밑그림과 청사진 없이 진행되고 있다는 평가를 받고 있다. 결과적으로 체계적인 정책의 합으로 하나의 유기적인 시스템을 만들어가기보다는 주어지는 각종 이슈에 대한 미봉책(patching)으로 '누더기' 시스템을 형성하는 것이 아닌가 하는 우려가 제기되고 있다. 그런 의미에서 외국의 정책 학습과 이전(transfer) 역시 의미가 있지만, 그 시스템 자체를 모델로 학습하는 것도 필요하다.

전성홍(2008:11)은 모델의 요건으로 "1) 가시적이고 두드러진 성과, 2) 기존 방식과 차별화되는 독특성, 3) 동일 목표를 추구하는 제3국이 추종하거나 참고할 만한 적용성을 지니는지 여부"로 정리하고 있다. 그런 의미에서 현재 한국에 의미를 주는 대조적인 두 모델은 스웨덴과 일본이라고 할 수 있다. 두 국가 모두 20세기 후반기 동안 비약적인 경제적, 사회적 도약을 성취한 국가이며, 발전 방식에서 기존 국가들과 확연히 차이가 있는 방식을 채택하여 '스웨덴 모델' 혹은 '일본식 모델'이라는 이름을 얻기도 하였다. 이후 다양한 국가들에 의해서 정책 이전의 대상으로 역할을 했으므로 '모델'의 요건을 충족한다고 할 수 있다.

본 장에서는 먼저 이 두 모델의 기본적인 작동원리와 현재의 상황을 간략히 설명하고, 이후에 왜 1990년대 이래로 '스웨덴 사회민주주의 모델'이 '일본 발전주의 모델'보다 변화하는 환경에 더 성공적으로 적응하였는지를 논하고자 한다. 마지막으로 스웨덴 모델과 관련한 현재의 이슈와 우려에 대한 단상을 밝히고 글을 마무리하고자 한다.

스웨덴 모델과 일본 모델

1. 질문

1980년대까지의 빠른 성장을 바탕으로 한 안정된 사회는 1990년대 초반 스웨덴의 경제위기 그리고 1992~3년부터 시작된 일본의 '잃어버린 10년'을 기점으로 급격히 기울어지기 시작했다. 흥미로운 것은 그 이후에 위기에 대처하면서 변화하는 모습에서 두 국가는 큰 차이를 보였다. 스웨덴은 1990년대 초반 이후 정치 지형에 큰 변화가 있었지만, 다양한 대화를 통해서 상당한 규모의 '개혁'을 단행해 나가면서 위기를 극복하는 모습을 보였다. 이에 반해서 일본은 21세기에 들어와서 끊임없이 경제회복의 징후는 있었지만, 사회와 경제의 위기를 근본적으로 극복하지 못하면서 계속해서 어려움을 겪는 모습을 보여 주었다. 예를 들어, 스웨덴에서는 상당 시간 유지해오던 보편적 기초연금을 소득에 따른 차등 기초연금으로 전환하였고 고강도의 조세개혁이 정치적으로 합의되면서 시행되었다. 이에 반해서 일본은 꾸준히 증가하는 복지욕구와 재정비용을 감당하기 위하여 1980년대부터 세수증대를 위한 개혁을 추진하였지만, 번번이 실패하면서 재정적자의 폭이 급격히 확대되었다. 2012년에 마침내 소비세를 5%에서 10%로 인상하기로 합의하였지만, 이는 민주당이 선거에서 참패하는 결과를 가져왔다.

이처럼 지난 20년간 두 국가의 대조되는 행보는 다음의 요소들을 고려하면 더욱 흥미롭다. 첫 번째 요소는 국가부채이다. 그림 1은 OECD 국가들의 재정적자의 변화를 GDP와 비교하여 보여주고 있다. 그림 1에 사용된 국가는 호주, 뉴질랜드, 미국, 영국, 캐나다(앵글로색슨 국가군), 프랑스, 독일, 벨기에, 오스트리아(유럽대륙 국가군), 덴마크, 노르웨이, 핀란드(노르딕 국가군), 스페인, 이탈리아(남부 유럽 및 가족주의 복지국가군), 스웨덴, 일본 등 자료가 잘 축적된 17개국이다. 이 그림을 보면 1980년대 초반 스웨덴의 재정적자는 오히려 일본보다 높았음을 알 수 있다. 이에 반해서 1990년대부터 두 국가는 재정적자에 대처하는 방식에서 확연한 차이를 보이는데 일본은 부채를 통제하지 못하여 최근 정부부채의 양이 GDP 대비 200%에 이른 반면, 스웨덴은 부채를 GDP

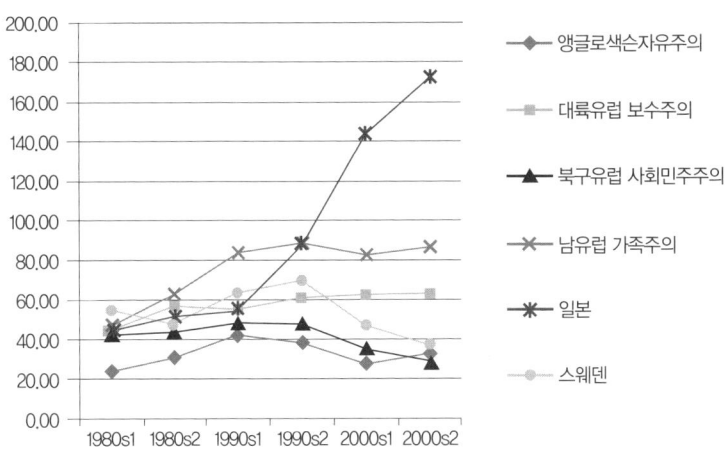

그림 1. OECD 국가들의 재정적자의 변화 (자료: OECD, GDP 대비 5년간의 평균값 사용)

대비 40% 미만으로 낮추는 데 성공하였다. 다시 말해서, 스웨덴은 문제를 초기에 진화하였지만, 일본은 문제를 해결하지 못하고 급격히 악화하는 상황에 효과적으로 대처하지 못했다.

그렇다면 부채에 효과적으로 대처하지 못한 것은 조세수입이 높아서일까? OECD(2013)의 〈Government at a glance〉 보고서를 보면 2009년 스웨덴의 조세수입은 GDP 대비 54%가 넘지만, 일본은 GDP 대비 35% 정도에 지나지 않는다. 2009년 OECD 사회지출 역시 스웨덴은 약 30%, 일본은 22%로 큰 차이를 보이고 있다. 또한, 2010년 기준 실효세율을 보면 평균소득자 기준 스웨덴이 약 17.7%이지만, 일본은 7.7%에 지나지 않는다. 마지막으로 소비세 역시 스웨덴은 25%이지만, 일본은 계속 5%를 유지하였다. 이러한 수치를 단순하게 평가한다면 일본은 세금의 수준을 높일 여력이 부족하다고 판단하기도 어렵다(김태일 2013:62). 그러므로 왜 일본이 5%의 소비세를 높이는 것을 매우 곤혹스러워했는지는 주목할 만한 이슈라고 할 수 있다.

또 한 가지 고려할 수 있는 요소는 정치이다. 스웨덴은 뚜렷하게 사민당과 보수당이 정치적으로 나뉘어 있다. 또한, 고용주와 노동조합 역시 그 경계가 뚜렷하며 이들은 특히 1970년대 후반 '임노동기금(wage earners' funds)' 논쟁을 거치면서 정책에 대해서 다른 목소리를 낸다. 반면에 일본에서는 위기가 시작된 1990년대 초 사회당이 최초로 연정을 통해서 정권을 잡았지만 일본 정치에서 급속히 축소되어 사라지게 된다. 그 후 자민당과 민주당이 핵심적으로 정당경쟁을 하지만, 이 두 당의 정책이나 이데올로기가 다르다고 평가하기는 매우 어려울 것이다. 이와 함께 일본은 20세기 동안 '관계-정계-재계'가 협력하여 움직이는

'Golden Triangle'을 형성하여 국정운영을 해왔다는 평가를 받기도 한다. 심지어 1970년대를 거치면서 일본의 대표 노동조합인 렝고는 서구나 한국의 노동조합과 달리 고용주와 상대적으로 덜 갈등적이며 때에 따라서는 협력적 관계에 있다고 평가된다. 일본에는 비영리단체는 많이 있지만, 한국처럼 정치적 의제를 형성하고 정치적 변화를 꾀하는 시민운동은 찾아보기 어렵다. 그런 까닭에 '반대가 없는 사회'처럼 비춰지기도 한다. 그런데 정치적으로 '전선'이 분명한 사회에서는 중요한 사회경제적 변화에 대응하여 합의를 통한 현실 적응적 변화를 해 나가지만, 정치적으로 '반대'가 없다고 보이는 일본에서는 소비세 인상과 같은 중요 의제의 실현이 그렇게 어려웠을까?

이러한 차이는 경제성장에도 일부 영향을 미쳤을 것으로 판단된다. 실제로 그림 2에서 보는 바와 같이 두 국가는 유사하게 1990년대 초반

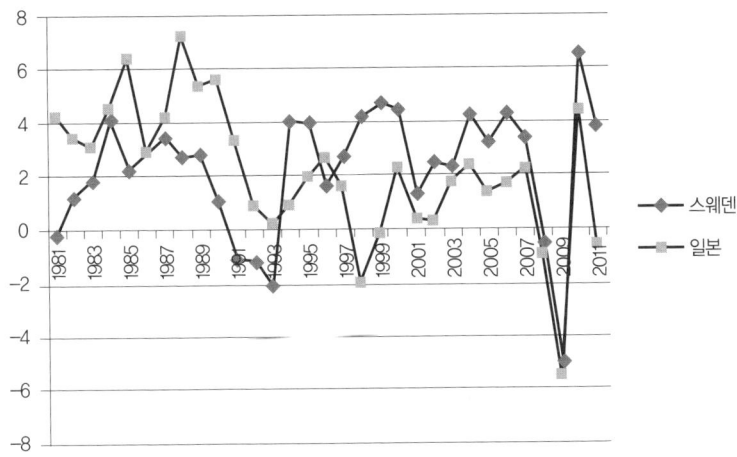

그림 2. 스웨덴과 일본의 경제성장률 비교(annual growth %, World Development Indicators)

과 2000년대 후반에 경제위기를 겪지만, 1980년대에는 전반적으로 경제성장률이 높은 가운데 일본이 스웨덴보다 더 높았다. 하지만 1990년대 초반 이후에는 스웨덴과 일본이 유사한 패턴으로 경제성장률을 보이고 있지만, 스웨덴이 일본보다 지속적으로 높은 것이 발견된다. 따라서 질문에 대한 실마리를 찾기 위해서는 이 두 모델을 좀 더 자세히 검토할 필요가 있다.

2. 사회민주주의 모델 대 발전주의 모델

사회민주주의 모델이 어떤 것을 의미하는지에 대해서는 다양한 의견이 존재한다. 일반적으로 스웨덴 복지 모델 혹은 사회민주주의 모델은 일반적으로 큰 정부에 의한 사회보장과 높은 조세를 특징으로 설명되곤 한다. 결과적으로는 높은 삶의 질, 공공보건, 교육 수준 등과 함께 높은 고용률과 성 평등 등으로 요약된다(Thakur et al 2002). 하지만 김인춘(2007), 유모토와 사토(2011), Steinmo(2012) 등은 사회민주주의의 핵심 요소를 분배나 평등에 두기보다는 성장과 분배의 조화에서 찾곤 한다. 이들은 사회민주주의는 시장에 대한 투쟁이나 지배보다는 길들이기(tame)에 가까우며, 사회적으로 진보적인 정책들을 펴는 동시에 친시장적이며 친자본적인 정책들을 동시에 사용한다고 밝힌다. 또한, 재분배에 대한 초점보다는 인적 자본을 강조하는 사회투자(social investment)가 매우 강하다고 평가한다. 그렇다면 사회민주주의 모델은 일본의 발전주의 모델과 어떠한 차이가 있는지를 검토할 필요가 있다.

1) 국가-개인(-기업) 그리고 국가-기업-가족

두 모델의 핵심적인 차이 중 하나는 국가와 개인이 어떠한 형식으로 대면하게 되는가이다. 사회민주주의 모델에서 국가와 기업 간의 관계는 매우 자유주의적인 측면을 가지고 있다. 국가의 직접적인 개입을 가능한 축소하면서 개인에 대한 지원과 관계에 집중한다. 이와 달리 발전주의 모델에서는 국가가 다양한 방식으로 시장에 개입하고 기업도 국가의 발전 전략에 개입하는 역사적 전통을 가지고 있다. 이러한 점에서 발전주의 모델은 국가가 기업을 지원하고 기업은 국가를 지원하는 관계를 맺는다. 상대적으로 국가와 개인이 직접 연계되어 있지 않다. 발전주의 모델에서는 위계적인 방식으로 국가와 개인이 연결된다. 다시 말해 국가가 기업을 지원하고, 기업은 남성부양자를 지원하며, 남성부양자는 다른 피부양자 가족들을 부양하는 시스템이 형성된다.

좀 더 구체적으로 사회민주주의 모델에서는 국가가 개인과 가족에게 두터운 지원을 해주는데, 이는 두터운 사회보장과 사회정책으로 나타나게 된다. 그리고 이러한 국가의 지원을 위해 개인은 상당히 높은 소득세와 25%의 소비세를 내게 되면서 국가와의 상호관계가 형성된다. 사회보장에서는 조세로 운영되는 제도와 사회서비스를 광범위하게 운영하면서 남성부양자에게 의존하지 않고 국가와 개인이 연결될 수 있도록 하고 있다. 반면에 이 모델에서 기업에 대한 세금은 28%(2002년 기준)로 낮고, 기업에 대한 직접적인 지원 역시 약하다. 발전주의 모델에서는 국가가 직간접적인 혜택과 지원을 기업에 주는 대신에 기업은 약 48%(2002년 기준)의 법인세를 내게 된다. 반면에 앞서 개인에 대한 실효세율을 언급한 바와 같이 개인은 국가에 상대적으로 매우 낮은 소득세와 소비세를 내게 되며, 국가는 개인에게 직접 제공하는 사회보장에 매우 인색하게 된다. 이러한 이유로 스웨덴에서는 상대적으로 매우 약한 기업복지가 발전주의 모델에서는 크게 발전하게 된다. 일본에서 90%에 이르는 근로자들(5인 이상 사업장 기준)은 어떤 형태의 퇴직금이나 연금을 가지고 있으며, 자녀교육비, 주거지원비, 여가지원 등의 포괄적인 혜택을 받게 된다. 그리고 그 대가로 기업에 충성심을 갖게 되고, 기업은 평생고용으로 이들과 상호관계를 맺게 된다. 이러한 기업과 개인의 관계는 사회보장제도에서 다양한 형태로 나타난다. 대부분 철저한 기여의 원리로 사회보장이 운영되며, 자영업자들에 대한 사회보장이 매우 인색하다. 그러나 남성근로자를 둔 배우자는 일하지 않아도 기초연금을 수급하게 된다.

2) 생산성이 낮은 기업에 대한 정책과 근로자에 대한 지원

국가-기업-개인과의 관계는 비효율적인 기업에 대한 정책에서 더욱 명확히 나타나게 된다. 스웨덴에서는 렌-마이드너(Rehn-Meidner) 제도라는 연대임금정책을 통해서 근로자의 임금 수준을 결정할 뿐 아니라 기업의 경쟁력을 높이려는 의도까지 실현하였다. 연대임금정책은 '동일노동-동일임금'이라는 아이디어에 입각해서 각 기업의 생산성과 관계없이 같은 노동을 하는 이들에게 같은 임금을 제공하는 것이다. 그렇게 될 경우 생산성이 매우 높은 기업은 상대적으로 이윤율이 높고 재투자를 할 수 있는 잉여가 상당 부분 존재하게 되지만, 생산성이 낮은 기업은 이윤보다 더 많은 임금인상을 해야 하는 경우가 발생하기 때문에 경영을 합리화하면서 더욱 분발하거나 경우에 따라서는 도산할 수도 있게 된다. 기업의 규모 및 형태와 관계없이 스웨덴 정부는 생산성이 낮아 도산하는 기업에는 개입하지 않는 것으로 알려졌다. 대기업에 의존하는 경제구조를 가진 스웨덴에서 사브나 볼보와 같은 자동차 대기업 역시 이러한 원칙에서 예외는 아니었다. 이는 오히려 미국이나 일본과는 상당히 다른 모습이라고 할 수 있다. 도산 기업에 대한 직접적 구제는 없지만, 도산 기업에서 일했던 근로자들에게는 충분한 실업보험과 함께 적극적 노동시장정책 및 교육지원 등을 통해서 다시 생산적 섹터로 이동할 수 있도록 적극적으로 지원한다. 이와 함께 생산적 영역이 활발하게 창출될 수 있도록 OECD 회원국 중에서 가장 높은 수준의 연구개발비를 투자한다. 결과적으로 이러한 연대임금정책은 노동자들 간의 연대를 높여주는 동시에 고생산성 산업을 촉진하며 임금 수준이 과도하게 상승하는 것을 억제하는 효과까지 보게 되었다.

일본의 발전주의 모델은 이러한 스웨덴의 사회민주주의 모델과 상당한 차이를 보이고 있다. 일본의 발전주의 모델에서 생산성이 높은 기업은 집안의 '큰형' 역할을 감당한다. 이들은 높은 세금을 내며, 이러한 세금으로 국가는 비생산적인 영역까지 도산하지 않고 고용이 유지되도록 다양한 방식으로 지원한다. 국가의 지원으로 유지되는 생산성이 낮은 기업들은 역시 개인에게 평생고용을 보장하고 기업복지를 제공하면서 '고용'으로 '사회보장'을 대체하는 효과를 가져왔다. 대체로 수출주도형이 아닌 지방에 기반을 둔 건축이나 농업 등의 산업은 지역 정치인들과의 후견주의 정치를 형성하면서 이러한 구조를 최근까지 공고히 해왔다. 그러한 이유로 일본에서는 적극적 노동시장정책이나 두터운 실업보험 등이 발전하는 대신에 대규모의 공공사업 등이 지역 단위에서 지속적으로 추진되었다. 이와 관련해 유모토와 사토(2011:47)는 "저생산성

산업과 기업이 시장에서 버티는 바람에 산업구조를 전환하지 못하고 경제 성장의 발목을 잡힌 국가"가 일본이라고 지적한다.

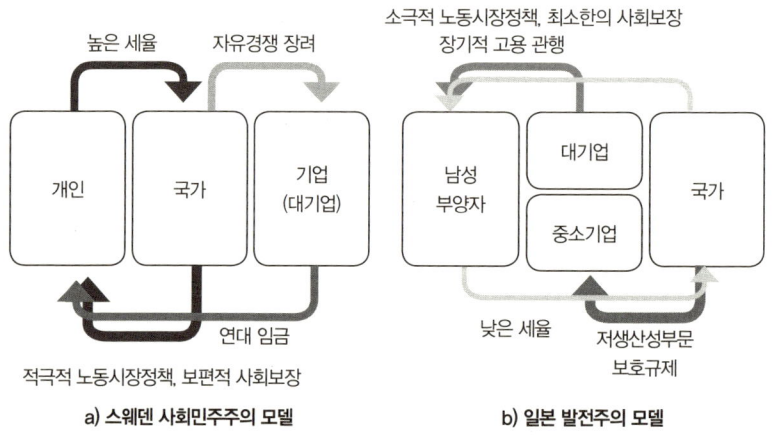

그림 3. 사회민주주의 모델과 발전주의 모델 비교

맥락의 변화와 두 모델의 적응력

스웨덴의 사회민주주의 모델이나 일본의 발전주의 모델이 세계화와 후기산업사회로 대표되는 맥락의 변화에 얼마나 적응력을 보였는가는 주목할 만한 질문이다. 결론적으로는 경제적 성과나 사회적 성과를 볼 때 스웨덴의 사회민주주의 모델이 더 높은 적응력을 보인 것으로 판단된다. 그러면 왜 이 두 모델은 서로 다른 결과를 도출하였을까? 첫째, 세계화와 관련해서는, 국가와 개인이 상호관계를 맺고 국가의 기업에 대한 의존을 적게 했던 사회민주주의 모델이, 기업을 사회경제정책에서 핵심적인 역할을 하게 했던 발전주의 모델보다 더 유연했던 것으로 보인다. 발전주의 초기에는 재정적 여력이 약한 기업들이 상대적으로 국가의 정책적 지원에 의존할 수밖에 없는 구조였다. 하지만 수출주도형 대기업들이 급속하게 성장하고 세계적인 성공을 거둔 이후에, 생산성이 높은 이들이 국내에서 비생산적인 영역을 지원하는 '맏형' 역할을 할 인센티브는 줄어들게 된다. 특히, 일본의 경우처럼 높은 법인세는 기업의 경쟁력에 의문을 던져줄 수 있다. 실제로 케이단렌(일본의 전경련)은 1980년대부터 자민당과 정부를 향해 '작은 정부'와 기업의 부담 경감을 끊임없이 요구하였다(Choi 2006). 세계에서 가장 높은 노령화율 등 증가하는 복지욕구로 지출의 압박은 증가하지만, 그동안 의존했던 '맏형'을 통한 세수증대는 어렵게 되었고 그에 따라 일본 정부의 재정적 압박은 더욱 심해지게 되었다. 결과적으로 일본 정부는 지금까지 국가와 직접 호혜적 관계를 맺지 않았던 개인에게 '소비세'라는 명목으로 재정 부담을 지우려고 하게 되며, 이에 대해 개인은 저항하게 되는 것이다.

둘째, 후기산업사회와 지식기반사회(knowledge-based economy)로의 전환은 중요한 맥락의 변화이며 이러한 맥락의 변화에 사회민주주의 모델은 더욱 유연하게 대처할 수 있었던 것으로 판단된다. 산업사회가 남성 중심의 전일제 고용인 데 반해서 후기산업사회에는 서비스 영역의 확대와 맞물려 맞벌이 부부로 이루어진 가구가 증가하게 된다. 스웨덴은 이미 1940년대부터 여성의 고용참여를 위한 다양한 사회서비스를 발전시켰으며, 성 평등과 관련된 다양한 정책적 장치를 완비하고 있었고, 이러한 제도가 상당히 약한 일본보다 '전환비용'이 상당히 적게 들었다. 이러한 젠더 친화적 정책(gender friendly policies)으로 두 가지 부가적인 혜택이 발생하였다. 하나는 여성의 높은 고용률이다. 높은 고용률은 넓은 세수 기반으로 이어지는 동시에 고령화 사회에 국가의 부담을 줄여주는 역할까지 담당한다. 다른 하나는 높은 출산율이다. 일본과 한국, 남유럽 등 가부장주의가 강한 국가에서는 출산율이 낮지만, 여성이 자유롭게 노동시장에 참여하는 국가들에서는 높은 출산율을 보인다는 것이 주지의 사실이다. 높은 출산율은 노령화의 속도를 상당 부분 완화해 주고 있지만, 일본의 낮은 출산율은 노령화 속도를 더욱 빠르게 하는 데 한몫한다. 그림 4에서 보는 바와 같이 스웨덴은 1998년에 노령인구 비중이 상당히 높다가 안정된 출산율의 영향으로 2008년에는 그 비중이 소폭 증가할 뿐이었지만, 일본은 급격한 노령화를 보이고 있다. 결과적으로, 기존의 모델에서 파생된 가부장주의와 젠더 친화적 모델은 저출산 고령화와 같은 시스템의 위기와 밀접한 관련을 맺고 있는 것이다[1].

이와 함께 노동시장의 유연화에 사회민주주의 모델이 훨씬 더 강한 적응력을 보여주고 있다. 사회민주주의 모델에서는 국가가 직접 개인에게 두터운 사회안전망을 제공하고 기존의 연대임금정책을 통해서 실업자들을 다시 생산적 영역으로 보낼 수 있는 기제를 보유하고 있었으므로 상대적으로 노동시장을 유연하게 하는 데 큰 사회적 혹은 정치적 비용이 들지 않았다[2]. 이에 반해서 기업과 남성근로자의 전일제 및 평생고용의 관계가 개인과 가족의 복지에서 핵심인 발전주의 모델에서

---

[1] OECD 국가별 성 평등도를 측정했더니 한국이 가장 낮고 일본이 그 뒤를 이은 반면, 스웨덴은 가장 높게 나타났다. http://www.indsocdev.org/ (2013년 3월 18일)

[2] 실제로 일본의 사회지출은 1990년에 11%에서 2009년에 22%로 두 배 증가하였지만, 스웨덴은 같은 시기에 30.2%에서 29.8%로 거의 변화가 없었다. 물론 절대적인 수치에서 볼 때는 스웨덴이 여전히 높지만 조세로 다시 환원해 가는 부분이 고려되지 않고 민간과 기업에 의한 복지급여가 포함되지 않은 통계이다. 이와 함께 조세수입 자체가 앞서 언급한 바와 같이 상당히 많은 차이가 있다는 점에서 일본의 빠른 지출 증가는 국가 재정에 큰 부담이 되고 있으며, 부채의 증가에 결정적 역할을 하는 것으로 보인다.

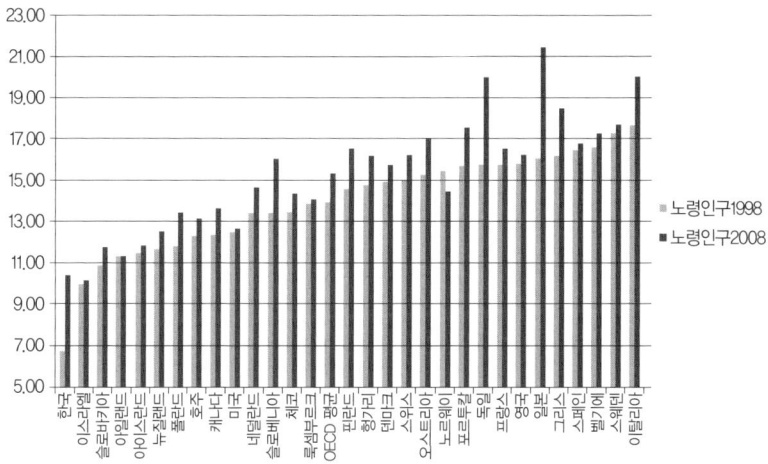

그림 4. 1998년과 2008년 65세 이상 노령인구의 비중 변화(WDI, 2013)

는 맥락의 변화에 따른 노동시장 유연화의 요구를 시스템이 수용하기가 어려워 보인다. 실제로 일본에서는 비정규직의 증가나 평생고용의 약화 등 노동시장의 구조가 해체되는 현상이 보이고 있지만, 이러한 사회적 위험에 대해 기존의 기여중심(contribution-based)의 사회보장 시스템이 효과적으로 작동하지 못하는 것으로 나타났다. 한 예로 실업자 중 실업급여 수급자의 비중이 감소하거나 연금기여를 회피하는 이들이 증가하고 있다.

셋째, 보편주의가 사회와 정부, 제도에 대한 신뢰수준을 높여주었다는 것이다. Rothstein(2012)은 이를 정부의 질(Quality of Government)이라고 표현하였으며, 그의 다른 저작이나 Steinmo(2012)의 글에서도 보편주의가 어떻게 정부 및 사회의 투명성과 신뢰 수준을 높였는지를 설명하고 있다. 이러한 논의는 본 책에 게재된 Sjöstrand의 글에서도 일부 설명되고 있다. 이들의 주장을 이해하기 위해서는 제도가 단순히 정책결정가에 의해 합리적으로 만들어지고 기능의 변화에 따라 합리적으로 개혁되는 수동적 대상이 아님을 인지하는 것이 중요하다. 제도와 정책은 수동적인 '종속변수'가 아니라 수립된 이후에는 적극적인 '독립변수'로서 다양한 인센티브를 생산하고 이에 따라서 사람들의 행동과 인식을 변화시키는 역할을 한다는 것을 주목할 필요가 있다. 사회민주주의 모델의 복지국가는 소득이나 자산의 수준 등에 따른 조건(conditionality)이 아닌 시민권에 기반을 둔 급여를 제공한다. 이와 동시에 매우 간소한 절차와 단순한 조세시스템을 운영하여 국민의 이해를 돕고 제도적으로 부정이 발생할 가능성을 줄였는데 이러한 제도가 정부나 제도에 대한 신뢰 수준을 높이는 데 기여하였다는 것이다.

정부와 제도에 대한 신뢰는 왜 '큰 정부와 대립적 정치지형'을 가진 스웨덴이 민첩하고 빠르게 정책개혁을 통하여 시스템을 새로운 환경에 적응시켰으며, '작은 정부와 순응적 정치지형'을 가진 일본이 작은 정책적 변화조차 매우 힘들었는지를 설명하는 실마리를 제시한다. 개인과 상대적으로 먼 거리에 있고 신뢰 수준이 낮은 국가가 기존의 시스템을 뛰어넘는 개혁을 시도했을 때 시민들은 다양한 형태로 저항하게 된다. 이때 집합적 조직 형태를 띠지 못하면 저항은 선거나 국민연금 기여에 대한 저항 등 개별적 행동으로 표출되며, 제도에 내재된(embedded) 정치적 행위자들은 시스템의 변화에 대해 아직은 강력한 거부권(veto)을 행사하는 것으로 보인다. 2009년 일본 민주당은 자민당을 선거에서 이기고 집권하면서 '국가-기업-가족'에서 '국가-개인'이라는 차원으로 사회정책을 강화하고자 하였다. 하지만 민주당은 내외부적으로 저항에 부딪혔고 결과적으로 2012년 선거에서의 패배와 함께 추진했던 개혁은 실패로 돌아가고 말았다. 반면에 스웨덴에서는 'LO'와 같은 노동조합에서도 탄탄한 자체 싱크탱크를 운영하면서 다양한 정책결정가들과 논의하였으며, 이들에 대한 높은 신뢰는 조합주의적 결정에 대한 존중과 개혁의 실행을 용이하게 하였다.

　이러한 다양한 원인으로 빠르게 변화하는 사회경제적 환경에 사회민주주의 모델이 발전주의 모델보다 좀 더 민첩하고 효과적으로 반응했던 것으로 평가된다.

스웨덴 모델은 유효한가?

"스웨덴 모델은 여전히 존재하는가?"라는 질문은 스웨덴 모델이 회자될수록 더욱 강한 질문이 되어 돌아오고 있다. 실제로 앞서 언급한 '렌-마이드너' 제도 역시 이제 상당 부분 해체되어서 기업별, 직종별 임금협상이 일반적이 되었고 강력한 보편주의는 여전히 존재하지만, 기초연금과 같은 부분에서는 포기가 있었다. 강력했던 공교육 역시 '선택(choices)'이 중요한 화두로 떠오르면서 교육의 공공성 위에 다양성을 추구하는 모습으로 변화하는 것처럼 보인다. 그러한 점에서 혹자는 스웨덴 모델이 사라지고 있으며, 자유주의의 경로를 밟고 있다고 평가하기도 한다. 하지만 Sven Steinmo나 Joakim Palem와 같은 스웨덴 학자 대부분은 여전히 스웨덴 모델은 하나의 시스템으로 유효하다고 평가한다. 여전히 보편주의가 대부분의 정책에서 구현되고 있다는 점, 성장과 분배를 동시에 고려하는 사회투자정책이 여전히 강하게 추진되고 있다는 점, 국가와 개인이 직접 상호관계를 맺고 있는 조세 및 급여 체계가 존재한다는 점, 연구개발에 대한 국가의 대규모 투자를 바탕으로 기업의 자율경쟁을 추구한다는 점, 정부에 대한 높은 신뢰가 존재한다는 점 등 사회민주주의 모델의 건강성을 역설한다.

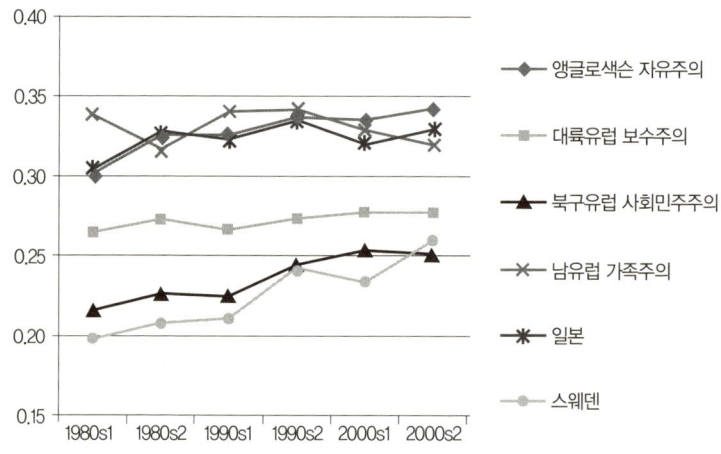

그림 5. OECD 국가들의 불평등도(GINI)의 변화 (자료: OECD, GDP 대비 5년간의 평균값 사용)

스웨덴 사회민주주의 모델이 유효한가 라는 질문을 던진다면 아직은 전자보다는 후자의 주장이 좀 더 설득력이 있다. '자유주의화'가 이루어지고 있다고 해도 여전히 다른 국가들과의 차별성은 매우 뚜렷하기 때문이다. 또한, 어떠한 시스템도 진화하고 변화하기 마련이고 맥락의 변화에 따라서 새로운 최적점을 찾아서 변화하는 것이 제도의 속성이기도 하기 때문이다. 실제로, 1990년대 경제위기와 함께 단행된 세제개혁은 단순한 세제 감면을 위한 개혁이 아닌 높은 한계 세율에 대한 조정과 함께 조세회피와 왜곡된 투자를 바로잡으려는 금융세제 개혁 등 성공적인 개혁으로 평가받고 있다(Thakur et al 2002:16, Box.2). 또한, 국가와 기업 간의 우수 인재 확보가 시급한 이슈로 떠오르면서 연대임금제의 변화나 교육제도의 변화 역시 수긍이 가는 개혁이라고 판단된다.

그럼에도 최근의 변화로 사회민주주의 모델의 근본이 서서히 바뀌는 것 아니냐는 질문에 대해서는 귀를 기울일 필요가 있다. Steinmo(2012)의 공진화(co-evolution) 개념을 중장기적으로 이해한다면 시스템을 구성하는 다양한 요소 중 중요한 한 부분이 변화하면 다른 부분들이 함께 변화해 나가며 시스템 자체를 변화시킬 수 있기 때문이다. 이미 그러한 부분적 변화들은 명확히 보이고 있다. 다만, 그러한 변화들이 다른 부분들의 변화를 추동할 만큼의 정치적 혹은 제도적 힘을 가지고 있느냐가 중요한 질문이 될 것이다. 서론에서 언급했던 제도를 둘러싼 형성, 변화, 그리고 저항 등이 어떻게 나타나느냐에 따라서 달라질 수 있을 것이다.

하지만, 변화의 징후는 결과적으로 점점 더 크게 나타나고 있다. 그림 5에서 보는 바와 같이 스웨덴의 소득불평등도는 매우 낮지만 그 증가 속도는 최근 상당히 빨라졌다. 이는 동일노동 동일임금의 원칙이 상당히 약화되고 동시에 일부 복지제도에서의 변화가 초래한 결과로 추정된다. 예를 들어 보편적 기초연금을 자산조사에 기반을 둔 연금으로 개혁하는 등의 중요한 변화가 이를 반영한 것으로 판단된다. 80%대를 웃돌던 고용률 역시 최근 75%대로 줄어들었다. 물론, 스웨덴은 여전히 OECD 국가 중에서 가장 높은 고용률을 보이고 있지만, 감소 자체는 우려의 대상이 될 수 있다. 지금까지는 실업이나 숙련의 문제가 발생하면 석극적 노동시장정책을 통해서 해결하였지만, 과연 지식기반사회에서 40대나 50대의 재교육이 다시 생산적 영역에 고용을 유도하는 데 어느 정도 효과가 있을지 의문이다. 또한, 급여에서 소득조사와 같은 '조건'이나 '선택'이 강조되기 시작하면 현재 스웨덴이 누리고 있는 정부나 정책에 대한 높은 수준의 '신뢰'나 사회 전반에 자리 잡고 있는 '연대의식'이 계속 유지될 수 있을지에 대한 우려도 존재한다. 이에 대해 답하려면 좀 더 면밀하게 적극적 노동시장 제도나 변화된 '기초연금' 등이 어떻게 운영되는지에 대한 미시적 추적이 필요하며, 이는 스웨덴 모델을 이해하는 데 매우 흥미로운 연구가 될 것이다.

참고문헌

OECD, 2013, Government at a Glance. http://www.oecd.org/gov/governmentataglance2011.htm (2013년 3월 접속)

Rothstein, Bo, 2011, *The Quality of Government: Corruption, Social Trust, and Inequality in International, Perspective.* Chicago: University of Chicago Press.

Streeck, W., 2001, Introduction: explorations into the origins of nonliberal capitalism in Germany and Japan. In The origins of nonliberal capitalism: Germany and Japan, edited by W. Streeck and K.

Yamamura. *Ithaca*, NY: Cornell University Press.

Steinmo, Sven, 2010, *The Evolution of Modern States: Sweden, Japan, and the United States*, Cambridge University Press.

Thakur, Subhash, Keen, Michael, Horváth, Balázs, and Cerra, Valerie. 2003, Sweden's Welfare State: Can the Bumblebee Keep Flying?, Washington, D.C.: IMF.

Thelen, K., 2004, *How instutition evolve: the political economy of skills in Germany, Britain, the United States, and Japan.* Cambridge: Cambridge University Press.

World Bank, 2013, World Development Indicators. WB. http://data.worldbank.org/data-catalog/world-development-indicators (2013년 3월 접속)

Young Jun Choi, 2006, Pension Reforms in East Asia: a Comparative Study, Ph D Thesis, University of Bath.

김인춘, 2007, 『스웨덴 모델 독점자본과 복지국가의 공존』, 삼성경제연구소.

김태일, 2013, 『국가는 내 돈을 어떻게 쓰는가』, 웅진지식하우스.

유모토 켄지, 사토 요시하로, 2011, 『스웨덴 패러독스』, 박선영 역, 김영사. 전성흥, 2008, 「중국모델의 등장과 의미

전성흥 편, 『중국모델론』, pp.27~75.

스웨덴 복지 모델의 사회적 기초
견고한가 아니면 흔들리고 있나?[1]

신광영 (중앙대 사회학과 교수)

1. 문제제기

1938년 마르퀴스 차일드(Marquis W. Childs)가 스웨덴을 자유시장경제와 국가계획경제의 중간에 있는 제3의 길로 묘사한 이래, 스웨덴 모델 혹은 스웨덴 복지모델은 여러 서로 다른 관점에서 독특한 사회체계로 인식되었다(Korpi, 1983; Esping-Andersen, 1990; Swenson, 1991; Lindbeck, 1997; Hall and Soskice, 2000). 그렇지만, 스웨덴 사회체제의 주된 특징은 각기 다른 관점에서 다르게 이해되었다. 스웨덴 모델을 사회적 형평과 경제적 효율성을 동시에 지닌 혹은 성장과 안정을 동시에 지닌 성공적인 사회모델로 높게 평가하는 학자들이 있는가 하면

---

[1] 이 글은 2012년 8월 30~31일 아산정책연구원이 개최한 "Understanding The Swedish Welfare Model"에 관한 국제심포지엄에서 발표한 것이다. 토론을 해준 김인춘 교수(연세대)와 Sven Hort 교수 및 심포지엄 참가자들에게 감사를 드린다.

(Milner, 1990; Musial, 1998; Huber and Stephens, 2001) 지속 가능하지 않은 파괴적인 사회체계로 비판하는 학자들도 있다(Lindbeck and Snower, 1988). 그러나 이처럼 스웨덴 모델에 대한 각기 다른 평가에도 불구하고, 기존의 관점들은 공통으로 스웨덴 모델의 지속성이 경제적인 차원으로 충분히 설명될 수 없다는 점을 간과한다. 궁극적으로 사회제도의 정당성은 체제에 대한 국민의 정치적 지지 여부에 달려 있다. 비록 체제의 기능과 그 체제에 대한 국민의 지지는 서로 밀접한 관계가 있지만, 이 두 가지는 사회체제를 구성하는 별개의 요소이다.

하버마스(Jurgen Habermas, 1985 및 1987)의 용어를 빌면, 체제 통합뿐만 아니라 사회통합은 모든 사회체제의 지속에서 필수적으로 요구된다. 체제 통합은 사회체제의 기능적 안정성에 기여하는 하위 체계들의 질서 있는 조정을 지칭하며, 사회체제는 복잡한 경제제도들 간의 효과적인 조정을 통해서 재생산될 수 있다. 화폐는 경제에서 체계 통합의 핵심적인 매개물이다. 체제 분열(disintegregation)은 하위 체계가 제대로 작동하지 않을 때 드러나게 된다. 예를 들어, 경제위기는 높은 실업률이나 인플레 혹은 저소비를 야기해서 사회체계가 위기에 빠지게 되는 경우이다. 사회통합(social integration)은 사회적 행위자들의 사회제도에 대한 지지를 반영하며 사회적 행위자들 간에 공통적인 이해가 이루어진 상태를 지칭한다. 행위자들의 인식과 평가라는 주관적인 차원은 사회체제 안정에 크게 영향을 미친다. 문화적, 규범적 요소들은 사회통합을 만들어 내는 데 중요하다. 사회제도의 정당성은 사회통합으로 강화될 수 있으며, 행위자들의 인식과 평가가 지니는 주관적인 차원은 사회체제의 안정성에 중요하게 영향을 미친다. 사회통합을 이루는 데는 문화적, 규범적 요소들이 중요하다. 문화적, 규범적 요인들은 의사소통 행위가 합의나 상호 이해를 만들어 내는 데 중요한 역할을 하는 영역인 생활세계 내에서 형성된다.

    스웨덴 사회체제의 핵심적인 동학은 노동력의 상품화와 가족 복지의 탈상품화가 결합해 있다는 점에서 찾을 수 있다. 다른 스칸디나비아 국가들이 노동 시장에서 더 많은 노동력이 상품화가 될 수 있도록 하였듯이, 스웨덴은 노동인구를 늘리는 데 관심을 기울여 더 많은 사람이 일과 노동을 할 수 있도록 노동시장정책을 도입해왔다. 이와는 대조적으로 국가가 제공하는 포괄적인 복지의 발달은 시장이 개인과 가족에 미치는 효과를 일정 정도 제약하는 경향을 보였다. 시장 대신에 국가가 가족생활을 유지하는 데 필요한 다양한 복지 서비스를 가족에게 제공하였다. 가족 복지의 탈상품화는 시장의 변동과 독립적으로 가족의 생활을 보장하고 안정시키는 데 크게 기여하였다. 상품화와 탈상품화의 결합의 구체적인 형태와 성격이 지난 30여 년 동안 변화해 왔지만, 상품화와 탈상품화의 결합은 스웨덴 복지 모델을 뒷받침하는 논리로 작용하였다. 좀 더 구체적으로 스웨덴 모델은 적극적 노동시장정책과 적극적 복지정책의 결합물이라고 볼 수 있다. 노동시장정책과 복지정책의 결합은 제2차 세계대전 이후 스웨덴 체제의 제도적 토대를 이룬다. 루돌프 마이드네르(Rudolf Meidner, 1993)가 주장하듯이, 1960년대와 1970년대 스웨덴 사회민주주의 정책의 목표는 노동시장에서 완전고용을 이루는 것이고 생활세계에서는 평등을 달성하는 것이었다. 그 결과, 스웨덴에서는 석유파동이 스웨덴 경제뿐만 아니라 유럽 경제를 파국으로 몰아갔던 1973년 이전까지 노조의 연대임금정책, 국가의 적극적 노동시장정책과 복지정책의 종합효과로 완전고용과 평등이 상당한 수준에서 이루어졌다.

두 가지 부문의 균형을 이루는 것이 스웨덴 모델의 중요한 제도적 기제였다. 스웨덴 경제가 대단히 높은 소득불평등을 만들어 냈지만, 국가복지 프로그램은 지속 가능한 정도로 소득불평등 수준을 낮추었다. 2000년대 말 스웨덴은 OECD 국가 중에서 지니 계수가 0.258로 세후 소득불평등이 세 번째로 낮은 국가였다. 그러나 세전 소득불평등 정도는 지니계수가 0.486인 미국과 크게 다르지 않은 0.426의 지니계수를 보여주어서 세전 소득불평등이 대단히 높은 나라임을 알 수 있다(OECD 2011: 36 및 45). 이는 스웨덴에서는 노동시장과 경제활동을 통한 소득불평등이 대단히 높지만, 공적인 제도를 통한 다양한 기제에 의해서 소득재분배가 광범위하게 이루어지고 있음을 뜻한다.

이러한 제도들의 안정성은 정부 기관뿐만 아니라 지속적인 대중적 지지에 의해서 보장될 수 있다. 조세제도, 고용제도와 복지 프로그램에 대한 합의는 스웨덴 모델의 안정성을 보장하는 전제 조건이다. 그렇지만, 1990년대부터 세계화가 스웨덴을 휩쓸면서 여론에 변화가 생겨났다. 그리하여 스웨덴 모델의 토대를 약화하는 조세와 복지에 대한 여론을 변화시키는 중요한 정치적 쟁점으로 오래된 이슈들뿐만 아니라 새로운 이슈들이 등장했다. 이 글은 스웨덴 선거 조사 자료[2] 분석을 통해서 2000년대 스웨덴 모델의 사회적, 정치적 기반이 얼마나 강하며 그것이 어떻게 변하고 있는지를 살펴본다. 스웨덴 모델의 제도적 특징과

---

[2] 여기에서 사용된 스웨덴 선거 조사 데이터를 사용할 수 있도록 허락해 준 전국 스웨덴 선거연구(the Swedish National Election Studies, SNES)에 감사를 표한다. 스웨덴 선거 조사는 1954년부터 예테보리 대학 정치학과가 주관하여 시행하고 있다.

관련된 포괄적인 복지 프로그램에 대한 국민의 지지 정도와 대중교육에 대한 국민의 지지를 중심으로 스웨덴 국민의 태도에서 나타나는 복지국가에 대한 지지를 분석한다. 이를 통하여 공교육 대신 민간 학교를 선택할 수 있는 "선택의 자유"를 증진한다는 이름으로 교육부문에서 이루어진 학교개혁이 전반적인 공공부문의 지지를 약화하고, 점차 스웨덴 모델의 사회적 기반을 약화하는 "톱니바퀴 효과(ratchet effect)"가 있음을 찾아 보려 한다. 톱니바퀴 효과는 일단 교육부문에서 이루어진 시장화가 되돌릴 수 없는 변화로 자리를 잡고 또한 다른 분야에까지 영향을 미쳐 전반적인 시장화(민영화) 추세를 낳는 효과가 있기 때문이다.

2. 복지정책의 사회적 토대

공적 제도와 제도에 관한 개인들의 태도 간의 상호 과정으로서 공진화(co-evolution)는 중요한 역사적인 과정으로 이해되었다. 새로운 정책과 제도는 주요 행위자들과 국민 다수가 기존의 정책과 제도에 변화가 필요하다고 인식하게 되는 결정적 국면(critical juncture)에 나타난다. 전쟁, 경제위기, 혁명과 같은 역사적 사건들은 새로운 기대와 새로운 가치를 동반하는 새로운 시대정신과 함께 근본적인 정책의 변화를 낳는다. 새로운 이데올로기를 반영하는 새로운 제도들은 특정한 시기에 나타나지만, 그것들은 사람들의 정당한 기대 형성에 영향을 미친다. 일단 새로운 제도가 일상적이고 자연스러운 제도로 작동하게 되면, 안정적인 제도의 재생산이 기대되어 복지국가에 대한 국민의 태도에서 지속적이고 체계적인 변이를 관찰할 수 있다(Svallfors, 1997 및 2007;

Blekesaune and Quardagno, 2002). 새로운 제도의 규범적 토대를 강화하는 것은 새롭게 도입된 제도의 지속성과 제도 변화에서 강한 경로 의존성을 확립하는 데 필요한 핵심 사항의 하나이다. 또한, 새로운 제도가 일단 도입되면, 제도는 행위자들의 정치 행태뿐만 아니라 행위자들의 정치적 태도에도 영향을 미친다. 행위자들은 관료와 정치인은 물론 투표장에서 투표하는 유권자들에 이르기까지 매우 다양하다.

공공 제도의 일부로서 복지 프로그램은 두 가지 조건이 충족되는 한 유지될 수 있다. 한 가지 조건은 사회체제의 하위 체제들 사이의 긍정적인 환류 고리로 일컬어지는 기능적 양립성(functional compatability)으로, 이를 통해 복지 프로그램은 경제에 해를 끼치지 않은 한 지속될 수 있다. 만약, 복지 프로그램에 필요한 재정 자원이 충분하지 않거나 적어도 문제가 있다면, 복지 프로그램은 지속 가능하지 않게 된다. 다른 조건은 복지 프로그램에 대한 강한 국민적 지지이다. 에스핑-앤더슨(Esping-Andersen, 1990)이 주장한 것처럼, 복지국가의 발전은 다른 규범적 토대 혹은 다른 정치 체제에 뿌리를 두고 있다. 비록 복지국가 유형이 아직도 논쟁적인 이슈이지만, 여러 나라 간에 제도적 차이가 지속되고 있다는 점에 관해서는 합의가 있다(Castles and Mitchell, 1922; Pierson, 1996; Hall and Soskice, 2001; Eikomo, Bambra and Joyce, 2008). 복지국가에 대한 대중적인 지지는 나라마다 대단히 다른데, 이는 복지국가의 사회적 기반이 나라마다 다르다는 것을 보여준다.

스웨덴 복지국가의 사회적 기반은 무엇인가? 그것은 신자유주의자들과 보수 정당들이 비판하는 복지국가를 충분히 뒷받침할 수 있을 정도로 강하고 안정적인가? 스발포스(Svallfors, 2011)는 2000년대 스웨덴

⟨표 1⟩ 복지정책에 소요되는 세금에 대한 개인의 부담

다음과 같은 항목에 소요되는 세금 부담 의지	1997	2002	2010
의료 및 건강 보호	67	65	75
노인지원(연금 및 노인 간병)	62	60	73
유자녀 가족 지원(아동수당, 아동보호)	42	39	51
사회부조	29	25	40
초중등 교육	62	61	71
고용정책	40	31	54
N	(1,290)	(1,075)	(3,800)

자료: Svallfors (2011: 812)

에서 복지국가에 대한 지속적인 지지가 존재한다는 것을 발견했다. 놀랍게도 많은 스웨덴 사람이 더 많은 공공지출을 위해서 기꺼이 더 많이 세금을 내려고 한다. 스발포스는 비록 2006년 보수 정당들이 선거에서 승리해 권력을 장악하기는 했지만, 복지국가에 대한 대중적 지지는 크게 바뀌지 않았다는 것을 보여주었다. ⟨표 1⟩에서 알 수 있듯이, 최근 복지국가에 대한 지지도는 더욱 강화되었다.[3] 1997년과 비교해서, 6가지 복지정책을 위해서 세금을 더 내겠다는 응답은 2010년에 더 강화되었다. 복지정책에 대한 지지는 비록 2002년에 크게 약화하기는 했지만, 2010년에 다시 크게 증가하였다. 2006년부터 스웨덴 정권을 보수 정당들이 장악했다는 점을 고려하면, 최근 복지정책에 대한 대중적 지지는 오히려 놀라운 일이다. 따라서 스웨덴에서는 집권 정당들의 이데올로기와 관계없이 복지국가에 대한 강한 사회적 기반이 마련되어 있

---

[3] 스발포스가 분석한 자료는 스웨덴 복지국가 조사(the Swedish Welfare State Survey, SWS) 자료이며.다. 이 자료는 1986년부터 2010년까지 5차례에 걸쳐서 스웨덴 복지제도에 대한 신뢰도를 조사한 것으로, 스웨덴 우메오(Umeå) 대학의 스발포스(Stefen Svallfors)가 조사의 책임을 맡았다.

다고 결론 내릴 수 있다.

　1997년 이후 2010년까지 복지정책에 대한 지지가 계속해서 높아진 것은 각기 다른 정당 간에 이루어진 정치적 합의를 반영하는 것으로 보인다. 보수 연립정권의 주축을 이루고 있는 거대 보수 여당인 모데라테르나(Moeraterna)는 2004년 과거 당의 중심적인 이데올로기였던 미국식 신자유주의를 거부하고 새로운 당의 이념으로 "친노동, 친복지(pro labor and pro welfare)을 내세웠다(신광영 2012). 새로운 보수당 전략은 스웨덴 복지제도와 노사관계를 현실로 인정했다. 대신에, 보수 연정은 노인 간병이나 건강 보장에서 사적 부문을 복지 영역으로 끌어들이는 점진적 개혁을 추구하였다. 따라서 보수 연정에 의해서 주도된 스웨덴 복지개혁은 복지국가는 유지하면서 시장원리를 부분적으로 도입하였다는 점에서 "복지축소 없는 자유화"를 특징으로 하였다. 베리와 에링손(Bergh and Erlingsson, 2008)이 주장하는 것처럼, 스웨덴 복지모델을 복지 프로그램에서의 변화 여부라는 좁은 의미로 해석하면, 스웨덴 모델을 변한 것으로 볼 수 있다. 그렇지만, 미국이나 영국으로 대표되는 자유주의 모형과 비교해 본다면, 스웨덴 모델은 지속되고 있다고 볼 수 있다.

　그러나 스웨덴 내에서도 복지정책에 따라 대중적 지지에서 큰 편차가 있다는 것도 사실이다. 예를 들어, 사회부조를 위해서 세금을 낼 용의가 있다는 의견은 6개 복지정책에 대한 대중적 지지에서 가장 낮은 수준의 지지를 보여주었다. 이러한 현상은 이전의 조사에서도 동일하게 나타났다. 사회부조에 대한 대중적 지지가 1997년 29%, 2002년에 25%에 불과하다가 2010년에는 40%로 올라갔지만, 이는 여전히 절대

다수가 사회부조를 위해 세금을 내는 것에 부정적이라는 점을 보여준다. 고용정책과 유자녀 가족 지원에 대한 지지도는 6개 복지정책 가운데서 낮은 축에 속한다. 단적으로 사회부조, 고용보험과 가족복지는 상대적으로 낮은 지지를 받지만, 건강보험, 노인간병 보호와 교육은 지속적으로 높은 지지를 받고 있다. 이처럼 각 복지정책에 대한 대중적 지지가 양극화된 패턴을 지속적으로 보여주는 것은 스웨덴 국민 사이에 어떤 복지정책에 대한 불만이 크게 존재한다는 것을 의미한다.

그렇다면 이처럼 복지국가에 대한 지지에서 차이가 발생하는 것은 무엇 때문인가? 〈표 2〉는 지지하는 정당에 따라 복지국가에 대한 대중의 지지에 차이가 있음을 보여준다. 공공부문에 대한 가장 큰 지지는 좌파당(Vänsterpartiet)을 지지하는 사람들에게서 나왔다. 공공부문에 대한 부정적인 평가는 중도(보수당)나 중앙당(Centerpartie)[4] 지지자들에게서 발견되었다. 공공부문 축소를 지지하는 비율은 좌파당 지지자에서는 2.9%에 불과하였다. 사회민주당 지지자에서는 11.2%였다. 이와는 대조적으로 모데라테르나 지지자의 55.2%는 공공부문 축소를 지지하였다. 사회주의 블록을 구성하는 좌파당, 사회민주당과 녹색당 3당 지지자 중에서 공공부분의 축소를 지지하는 비율은 13%였지만, 부르주아지 블록을 구성하는 중도당, 인민당, 보수당과 기민당 지지자들은 그 비율이 47%에 달해, 지지하는 정당과 정치 이념에 따라서 공공부문 축소에 대한 견해차가 큰 것으로 나타났다. 비록 부르주아지 블록 내에서

---

[4] 1913년 농민동맹에서 출발한 스웨덴 중도당은 독립적이고 자영농의 전통을 지니고 있어서 국가의 규제를 거부하고 환경 지향적인 이념을 표방하고 있지만, 신자유주의와는 달리 사회적 자유주의를 내세운 정당으로 인민당, 기독교민주당, 보수당과 함께 스웨덴 연합정권에 참여하고 있다. 그러므로 2006년부터 현재(2012년 기준)까지 보수당 보수연정은 중도-우파 연정이라고 볼 수 있다.

도 차이가 있지만, 사회주의 블록과 부르주아지 블록 사이에 큰 차이가 있었다.

<표 2> 정당 지지별 공공부문 축소에 대한 지지(2006)

지지 정당/태도	대단히 좋음	좋음	보통	나쁨	대단히 나쁨	모름
좌파당	0.0	2.9	5.9	20.6	67.6	2.9
사회민주당	0.8	10.4	18.3	35.0	30.8	4.6
중앙당	12.5	32.5	20.0	32.5	2.5	0.0
인민당	10.4	25.0	25.0	18.8	14.6	6.3
보수당	21.2	14.0	19.2	16.7	6.4	2.6
기독교민주당	15.0	15.0	20.0	32.5	15.0	2.5
녹색당	3.1	6.3	6.9	31.3	46.9	6.3

이보다 장기적인 관점에서 스웨덴 복지의 사회적 기반을 확인하려면, 나이와 세대별로 복지국가에 대한 지지의 차이가 있는지를 분석할 필요가 있다. 나이 든 세대보다 젊은 세대에서 복지정책에 대한 지지가 낮다면, 기존의 복지정책들에 대한 지지가 미래에 줄어들 것이므로 장기적인 관점에서 제도의 사회적 기반은 취약하다고 볼 수 있다. <표 3>은 연령별 공공부문 축소에 대한 태도를 보여준다. 특히 무엇보다 젊은 세대에게서 공공부문의 축소를 지지하지 않는 경향이 있는 것으로 나타났다.[5] 나이 든 세대에서는 33% 이상이 공공부문의 축소를 지지했지만, 18~21세 사이의 젊은이들은 16%만이 공공부문의 축소를 지지했다. 공공부문 축소에 대한 반대는 매우 강해서 유권자들을 동원하는 데

---

[5] 이 조사에서 질문에 대한 응답은 5개의 리커트 척도로 제시되었다. 여기에서 지지하는 응답은 대단히 좋음(very good)과 좋음(good)을 합친 것이고, 반대하는 응답도 동일한 방식으로 대단히 나쁨(very bad)과 나쁨(bad)을 합친 것이다.

용이하다고 볼 수 있다. 요약하자면, 2006년 공공부문 축소에 대한 지지는 26.7%였고 반대가 52.5%에 달해, 공공부문에 대한 강한 지지가 사회적으로 존재하고 젊은 세대에서 공공부문에 대한 지지가 더 강하게 존재한다고 결론을 내릴 수 있다. 다수의 스웨덴 국민이 시장 대신에 공공부문이 국민들에게 재화와 서비스를 제공하는 데 중요한 역할을 해야 한다고 믿고 있는 것이다.

〈표 3〉 연령별 공공부문 축소에 대한 태도(2006년)

연령(세)	18~21	22~30	31~40	41~50	51~60	61~70	71~85
지지	16.8%	23.5	26.4	25.4	28.4	33.4	33.9
중립	33.7	25.3	16.9	22.2	14.9	16.9	20.7
반대	49.5	51.1	56.7	52.4	56.7	49.7	45.4

3. 교육: 기회균등인가, 선택의 자유인가?

스웨덴에서 쟁점이 되는 복지정책의 하나는 교육복지이다. 교육에 대한 인식이 사람마다 서로 달라 스웨덴의 교육정책은 지난 십여 년 동안 격렬한 논쟁을 불러일으켰다. 어떤 사람들은 교육 기회를 높여서 평등한 사회를 만들어 가는 수단으로 포괄적인 대중 교육을 강조한다. 평등주의적 교육 개념이 스웨덴 자유주의 교육의 핵심 가치로 받아들여짐에 따라 제2차 세계대전 이후 스웨덴 교육체제가 보편적 복지국가의 일부로 재조직되고 사립학교가 폐쇄되어(Blomqvist, 2004; Wilborg, 2009) 학부모가 비용을 지급하지 않는 공립학교가 1990년대 초까지 스웨덴 교육제도의 토대를 이루게 되었다. 그러나 1990년대 초 자유학교

(free schools)가 다시 도입되었다.

한편, 이와는 다른 사람들은 교육을 시장에서 제공할 수 있는 서비스 상품이자 미래에 대한 투자로 본다. 그들은 국가로부터 교육의 독립성을 강조하고 학부모가 공교육이 아닌 다른 교육을 자녀들에게 선택적으로 받게 할 수 있는 선택의 자유를 강조한다. 1980년대 신자유주의 이데올로기가 점차 확대되면서 교육에 대한 규제 철폐와 시장을 통한 교육 서비스 제공이 스웨덴에도 도입되었다. 이는 국가의 재정 지원을 받기 위하여 사립학교가 공립학교와 경쟁할 수 있다는 것을 의미했다. "선택의 자유(free to choose)"는 1990년대 초부터 스웨덴 교육을 크게 바꾸는 새로운 이데올로기가 되었다. 더욱이 1994년에 재집권에 성공한 사회민주당이 교육정책을 바꾸지 않았다. 1994년 교육법은 사립학교가 교육에 대한 국가규정을 준수하는 한 사립학교를 인정하는 것을 포함하였으며, 교육에 대한 규제를 철폐하는 교육의 탈규제를 강조하였다. 그리하여 자유학교나 독립학교가 정부로부터 지방정부, 코뮌(Kommun) 등으로 이관되었고, 2010/2011년 전체 초등학교의 16%(4,621개 중 741개)를 차지하게 되었고, 중고등학교의 13.1%(805,487개 중 105,136개)로 증가하였다. 이로써 초등학교 학생의 12%, 중고등학교 학생의 24%가 자유학교나 독립학교를 다니게 되었다(Friskolornas riksförbund, 2012).

자유학교의 증가로 교육을 사회이동의 수단으로 보는 인식과 평등주의적 교육관은 지난 20년 동안 크게 약화하였다. 또 자유학교의 증가로 말미암아 교육을 포괄적인 복지제도의 일부로 보는 인식이 크게 둔화하였으며, 그 대신 스웨덴 학교 교육에서 (신자유주의적 요소의 도입을 의미하는) 교육을 경쟁과 투자로 바라보는 인식이 도입되었다. 그렇지만, 복지정책에 대한 국민의 태도에서 교육은 가장 쟁점이 덜한 복지정책으로 인식되었다. 〈표 4〉는 당 정체성과 민영화를 포함한 정치적 이슈 간의 관련 정도를 측정하여 사회집단 간의 균열 정도를 보여준다. 2006년 민영화는 스웨덴에서 가장 뜨거운 쟁점이었다. 이는 사회주의 블록(s-bloc)을 지지하는 사람들과 부르주아 블록(b-bloc)을 지지하는 사람들 사이에 국영기업과 공공시설의 민영화를 둘러싼 견해 차이가 대단히 컸음을 의미한다. 그러나 스웨덴에서 국방과 관련한 견해 차이는 가장 적었다. 사회주의 블록 지지자들이나 부르주아 블록 지지자들 사이에 국방비 삭감에 관한 의견에서 큰 차이를 보이지 않았던 것이다. 비록 차이가 있기는 했지만, 블록 지지자들을 구분해야 할 정도로 큰 차이는 없었다. 인구가 적은 지역에 대한 재정지원과 원자력 발전소 폐쇄 이슈도 2006년의 스웨덴에서는 상대적으로 쟁점이 적은 이슈였고, 환경안전과 지역 균형발전이 스웨덴 국민들에게 공통적인 중요 과제로 받아들여졌다. 더욱이 자유학교는 민영화나 세금감면보다 덜 쟁점이 되는 이슈였다. 물론 두 블록 지지자들 사이에 자유학교를 둘러싼 이견이 없었던 것은 아니지만, 그 견해 차이가 그렇게 크지는 않았다. 따라서 민영화와 복지가 상당히 큰 쟁점이 되는 이슈였다는 점을 고려하면, 자유학교는 그만큼 쟁점이 되는 이슈는 아니었다고 볼 수 있다.

〈표 4〉 균열의 강도 (X^2로 측정)

쟁점	피어슨 X^2
국영기업과 공공시설 민간 매각	380.508
민간 의료 비중 증대	362.664
공공부문 축소	305.754
복지혜택 감축	287.401
세금 감면	240.216
재산세 유지	223.724
자유학교 촉진	193.486
소득불평등 완화	126.511
핵발전소 폐쇄	52.348
인구 과소지역 재정지원	41.248
국방비 삭감	24.185

참고: 피어슨 X^2은 두 가지 요소 간의 관계 정도를 보여준다. 만약 질문에 대한 응답에서 두 집단 간에 차이가 없다면, 피어슨 X^2값은 0에 가깝게 된다. 피어슨 X^2값이 크다는 것은 두 집단 사이에 차이가 크다는 것을 의미한다.

교육에 대한 인식에서 일어난 변화는 무엇을 의미하는가? 일부에서는 교육이 스웨덴 복지국가의 핵심적인 요소였던 만큼 교육의 시장화는 전후 스웨덴에서 발전된 보편적 복지국가의 근간을 약화한다고 본다. 공교육의 민영화는 공교육에 대한 대안으로 시장을 도입한 것이기 때문이다. 그것은 일단 한번 시장화가 교육에 도입되면, 이전 상태로 되돌아갈 수 없는 불가역성을 보이며, 점차 그 효과가 교육에 한정되지 않고 다른 부문으로 미쳐 전반적인 시장화를 촉진한다는 점에서 "톱니바퀴 효과(ratchet effect)"가 있다. 즉, 교육의 민영화가 되돌릴 수 없는 추세로 점차 다른 공공부문으로 확대되기 때문이다(Bell, 2007 및 2008). 그 결과, 스웨덴 교육제도가 점차 다른 나라와 차이를 보이지 않게 되었다는 평가가 등장하였다. 예를 들어, 크리트가드(Klitgaard, 2008)는 미국, 독일, 스웨덴에서는 복지레짐과 교육개혁 사이에 어떤 제도적 연관성이 없는 만큼 스웨덴에 독특한 학교개혁은 없다고 주장한다. 이러한 주장은 스웨덴에서 이루어진 학교개혁이 미국이나 독일과 크게 다르지 않다는 것을 강조한다.

그러나 복지국가에 대한 스웨덴 국민들의 태도에서는 외형상으로 모순적인 경향이 드러난다. 한편으로는 학교개혁이 신자유주의 이데올로기를 촉진하는 경향을 보이고 교육에 대한 스웨덴 사람들의 인식도 자유학교 쪽으로 기운 것처럼 보인다. 다른 한편으로, 스웨덴 국민은 공공부문에 대해 지속적으로 높은 지지를 보였고, 의료 민영화에 대해 강한 반감을 보여주었다. 이는 스웨덴 사람들이 자유학교 개혁을 공공부문 개혁의 일환으로 보지 않는다는 것을 의미한다. 〈표 5〉가 보여주는 것처럼, 공공부문 축소에 반대하는 사람들의 20.6%가 자유학교를 지지하였다. 더욱이 공공부문 축소를 지지하는 사람들의 30% 정도가 자유학교 개혁에 반대하였다. 대각선 방향의 (굵은 글씨체의) 수치는 공공부문 축소와 자유학교 개혁에 모두 반대 또는 찬성하거나 두 가지 이슈에 대해서 모두 중립적인 태도를 보이는 사람들의 비율이다. 그들은 전체 응답자의 47.7%에 달한다. 〈표 5〉의 대각선 수치에서 벗어나 있는 나머지 52.3%는 모순적인 가치관을 지닌 사람들로, 자유학교와 공공부문 축소에 대한 태도가 일치하지 않은 사람들이다. 공공부문의 축소를 지지하는 사람들의 42.4%만이 자유학교를 지지하였으며, 공공부문의 축소에 반대하는 사람들은 21% 정도가 자유학교를 지지하였다. 요약하자면, 스웨덴 국민의 다수는 자유학교와 공공부문에 대해 일관성이 없는 태도를 보이고 있다고 볼 수 있다.

〈표 5〉 공공부문 축소에 대한 태도와 자유학교에 대한 태도 간의 교차표

		자유학교 지원			
		지지	중립	반대	전체
공공부문 축소	지지	42.4% 39.5%	27.7% 28.8%	29.9% 18.7%	100.0% 27.5%
	중립	35.3% 23.8%	32.9% 24.8%	31.85% 14.4%	100.0% 19.9%
	반대	20.6% 36.7%	23.4% 46.5%	55.9% 66.9%	100.0% 52.6%
	전체	29.6% 100.0%	26.5% 100.0%	43.95 100.0%	100.0% 100.0%

4. 결론

지금까지 공공부문과 자유학교에 관한 스웨덴 국민들의 태도에 초점을 맞추어 스웨덴 복지정책의 사회적 토대를 살펴보았다. 제2차 세계대전 이후 스웨덴의 복지국가정책은 지속적으로 변화해 왔지만, 최근 스웨덴으로 유입된 신자유주의로 말미암아 스웨덴 복지모델의 지속 가능성에 대해, 이보다 더 일반적으로는 스웨덴 모델의 지속 가능성에 대해 의문이 제기되었다. 전후 스웨덴은 보편주의적이고 포괄적인 사회적 시민권에 기초한 복지체제를 특징으로 하였기 때문이다.

스웨덴 모델의 지속 가능성은 체제 통합(system integration), 사회통합(social integration)이라는 두 가지 차원에서 논의될 수 있다. 체제 통합이 주로 경제적인 차원에서 복지제도와 하위 체계 간의 정합성과 관

련되어 있다면, 사회통합은 사회제도에 대한 국민의 합의나 지지와 관련이 있다. 사회제도와 정책에 대해 불만이 있으면, 사회통합은 이루어지기 어렵다. 사회제도는 제도 속에 살고 있는 국민이 그 제도를 지지할 때 유지될 수 있다. 그러므로 사회제도의 정당성은 모든 사회제도의 견고한 사회적 토대가 된다. 이 연구를 통해 우리는 스웨덴 사회복지정책이 자국의 국민에게서 높은 수준의 지지를 받고 있다는 것을 발견하였다. 의료와 연금제도가 꾸준히 국민들에게서 지지를 받고 있는 만큼 스웨덴에서 복지제도에 대한 국민적 지지와 제도적 정당성은 스웨덴 사람들의 생활과 깊이 연계되어 있다고 볼 수 있다.

또한, 이 연구는 유의미한 변화를 겪고 있는 스웨덴 복지 모델에서 일관성이 없는 부분도 있다는 것을 발견하였다. 스웨덴에서는 복지국가에 대해 대중적 지지가 크지만, 공공부문에 톱니바퀴 효과(ratchet effect)가 있는 신자유주의적 교육개혁들이 점차 스웨덴 복지정책의 사회적 기반을 약화시키고 있음을 확인하였다. 평등사회의 구현에서 교육이 차지하는 비중의 중요성을 감안할 때, 공교육에 점진적으로 들어오는 시장주의적 요소들은 시장 능력에 따른 불평등한 교육과 그로 인한 경력 계발의 차별로 이어지게 된다. 그것은 불평등한 교육성취와 불평등한 노동시장 지위획득을 야기하여 교육의 상품화에 따른 노동력의 상품화로 귀결된다.

현재 스웨덴에서는 교육의 신자유주의화가 지니는 톱니바퀴 효과가 교육영역은 물론 다른 부문으로도 점차 확산되고 있다. 이는 공공부문과 교육에 대한 태도에서 보이는 비일관성에서 확인할 수 있다. 스웨덴 국민 일부는 공공부문의 민영화에 반대하지만, 동시에 자유학교와 신자유주의적 교육개혁을 지지한다. 학교개혁이 교육의 경쟁력을 높이고자 도입되었으므로 복지로서 교육의 의미는 최근 스웨덴 교육개혁에서 강조되지 않았다. "선택의 자유(free to choose)"는 단순히 학교 선택상의 자유만을 의미하지 않는다. 그것은 연대와 평등주의를 조성하는 공교육의 공적 기능을 약화하면서 학교와 학생들에게 경쟁만 강조하는 것을 의미한다.

제도와 의식은 공진화(co-evolution) 과정을 보여준다. 제도가 국민의 의식을 만들고, 국민의 의식은 제도를 뒷받침하게 된다. 또한, 의식의 변화가 제도의 변화를 낳고, 변화된 제도는 특정한 방식으로 의식을 강화하게 된다. 이러한 예는 시스템 차원의 통합과 사회적 통합이 유기적으로 이루어지는 선순환 관계를 보여주는 경우이다. 그러나 시스템 차원에서 문제가 발생하면 제도에 대한 국민의 인식도 변해 제도적 안정성은 현저하게 낮아진다. 이러한 예는 시스템 차원의 체제통합과 사회적 통합이 제대로 이루어지지 못하는 악순환 관계를 보이는 경우이다.

이와 관련해 스웨덴은 선순환도 아니고 악순환도 아닌 균형상태에서는 일단 벗어난 것으로 평가된다. 새로운 자유학교 개혁이 기존 제도의 기반을 약화하게 하는 효과를 낳고 있다. 많은 학자가 주장하듯이, 스웨덴은 독특한 복지체제를 발전시켰지만 교육개혁은 다른 나라들과 크게 다르지 않았다. 1990년대 초 스웨덴에 공교육을 대신하여 시장적 대안이 도입되었다. 신자유주의적 교육개혁이 다른 부문들에 어느 정도 연쇄적인 영향을 끼칠 것인가는 중요한 연구과제이다. 현재 수준에서 교육체제의 이질화는 학교에서 직장으로 그리고 직장 내에서의 경력 계발에 영향을 끼칠 것으로 기대할 수 있을 것이다. 스웨덴의 독특한 교육제도의 특징이 사라질 것인가? 이러한 질문에 대한 답은 행위자들의 의식과 선택에 달려 있다. 복지정책과 교육체제의 지속 가능성도 역시 전적으로 국민의 태도에 달려 있다.

참고문헌

신광영. 2012. "스웨덴 사회민주주의 체제하에서의 보수 정당들의 정치 전략 연구: 2000년대를 중심으로." 스칸디나비아연구 13: 65~93.

Ball, S.J. 2007. Education Plc: Understanding Private Sector Participation in Public Sector Education. London: Routledge.

_____. 2008. "The Legacy of ERA, Privatization and the Policy Ratchet," Educational Management Administration & Leadership 36(2): 185~199.

Bergh Andreas and Gissur O. Erlingsson. 2008. "Liberalizatin without Retrenchment: Understanding the Swedish Welfare State Reforms," Scandinavian Political Studies 32(1): 71~93.

Bkekesaune, M. And Jill Quadagno. 2002. "Public Attitues toward Welfare State Politics: A Comparative Analysis of 24 Nations," European Sociological Review 19(5): 415~427.

Blomqvist, P. 2004. 'The Choice Revolution: Privatization of Swedish Welfare services in the 1990s' Social Policy & Administration. 38(2): 139~155.

Castles, Francis and Dorothy Mitchell. 1992. "Identifying Welfare State Regimes: The Links Between Politics, Instruments and Outcomes," Government 5(1): 1~26.

Childs, Marquis. 1938[1978]. Third Way, New York: Hymns Ancient & Modern Ltd.

Eikenmo A. C. Bambra, and Ki. Joyce and Espen Dahl. 2008. "Welfare state regimes and income-related health inequalities: a comparison of 23 European countries" European Journal of Public Health 18(^): 593~599.

Esping-Anderson, Gösta. 1990. The Three Worlds of Welfare Capitalism, New Jersey: Princeton University Press.

Friskolornas riksförbund. 2012. Friskolorna I siffror.

Hall, Peter A. and David Soskice (eds.). 2001. Varieties of Capitalism: Institutional Foundations of Comparative Advantage, New York: Oxford University Press.

Habermas, Jürgen. 1985. The Theory of Communicative Action Vol. 1, London: Polity Press.

_____. 1987. The Theory of Communicative Action Vol. 2, London: Polity Press.

Huber, Evelyne and John H. Stephens. 2001. Development and Crisis of the Welfare State: Parties and Global Markets, Chicago: Chicago University Press.

Korpi, Walter. 1983. The Democratic Class Struggle: Swedish Politics in a Comparative Perspective. London: Routledge & Kegan Paul.

Lindbeck, Assar. 1997. The Swedish Experiment, Stockholm: SNS Forlag.
Milner, Henry. 1990. *Sweden: Social Democracy in Practice*, Oxford: Oxford University Press.
OECD. 2011. Divided We Stand, Why Inequality Keeping Rising, Paris: OECD.
Meidner, Rudolf. 1993. "Why did the Swedish Model Fail?" The Socialist Register, pp.211~228.
Pierson, Paul. 1996. "The new politics of the welfare state," World Politic 48(2): 143~179.
Svallfors, Stefan. 1997. "Worlds of Welfare and Attitudes to Welfare: A Comparison of 8 Western Nations," *European Sociological Review* 13(3): 283~303.
_____. 2007. "Class and Attitudes to Market Inequality: A Comparison of Sweden, Britain, Germnay and the United States," in The Political Sociology of the Welfare State: Institutions, Social Cleavages, and Orientations ed., by Stefan Svallfors, Stanford: Stanford University Press.
_____. 2011. "A Bedrock of Support? Trends in Welfare State Attitudes in Sweden, 1981-2010," Social Policy and Administration 45(7): 806~825.spol_796
Swenson, Peter. 1991. "Bringing Capital Back in, or Social Democracy Reconsidered: Employer Power, Cross-Class Alliances, and Centralization of Industrial Relations in Denmark and Sweden," World Politics, 43(4): 513-544.
Wiborg, Suzzane. 2009. *Education and Social Integration. Comprehensive Schooling in Europe*. New York: Palgrave MacMillan.

스웨덴 복지 모델의 지속 가능성과 특징
비영리조직 및 사회공헌을 통한 새로운 형태의 복지 생산

글렌 셰스트른드(Glenn Sjöstrnd, 스웨덴 린네대학교 사회학과 교수)

스웨덴 복지모델의 지속 가능성과 특징

지난 20년간의 연구는 다양한 복지체제(welfare regimes)의 성과를 비교하고 설명하는 데 초점이 맞춰졌다. 정치인들과 사회과학 연구자들은 복지 발전을 위한 영감이나 설명을 구하기 위해 성공적인 경제모델에 주목했고, 북유럽 복지국가들의 사회민주주의 모델에는 무관심했다. 북유럽 국가인 스웨덴은 오랫동안 복지 발전을 고무시키는 등불 역할을 하였고, 최근에는 여러 가지 난제가 스웨덴의 지속적인 복지 발전을 위협하는 와중에도 고도의 경제성장과 상대적으로 낮은 실업률과 인플레이션, 금리를 유지하였다.

1930~1940년대에 걸쳐 탄생한 스웨덴 모델은 1950~1960년대에 포괄적인 복지제도로 발전하였다. 스웨덴 모델은 강력한 사회보호와 높은 수준의 소득대체, 낮은 수준의 소득 불평등으로 귀결되는 관대한

사회정책이 특징인 보편적 복지제도이므로 적극적인 노동시장 정책 등 완전고용을 위한 정치적 노력이 필요하다. 스웨덴 모델은 모든 사람이 평생 세금을 통해 부담하는 비용이 복지제도에 대한 기여를 통해 얻는 혜택과 균형을 이루는 '일반화된 호혜성(generalized reciprocity)'을 기반으로 한다(Sahlins 1972, Titmuss 1997 [1970]).[1]

스웨덴의 복지제도는 많은 비용이 필요하므로 강력한 소득 재분배(높은 세금)와 높은 수준의 총실업, (특히 여성의) 노동 참여, 낮은 빈곤율, 성별·세대별 및 유자녀·무자녀 가정 간의 낮은 수준의 사회적 차이가 바탕이 되어야 한다(Korpi 2004). 스웨덴 복지제도의 이러한 특징은 상호작용을 하면서 서로를 강화하는 것으로 간주된다(Kautto, Fritzell, Hvinden, Kvist & Uusitalo 2001).

현재 각국은 복지제도에 대한 지지를 위한 각계각층의 연대 및 복지의 유지와 발전을 위해 해결해야 할 여러 도전 요인에 직면해 있으며, 이는 스웨덴도 예외가 아니다.[2] 스웨덴의 복지제도는 다양한 방식으로 변화하였으므로 과거 스웨덴 모델로 알려졌던 제도와는 다른 제도가 되었다. 본 논문에서는 최근의 변화로 말미암아 스웨덴을 비롯한 각국의 복지체제가 직면한 두 가지의 중대한 도전 요인, 즉 내생적 요인과 외생적 요인을 살펴보고 도전 요인별 해결책을 살펴보도록 하겠다. 아울러 스웨덴의 복지제도와 관련하여 복지생산자와 시민 사이에서 보이는 일부 변화 양상과 이러한 제도적 변화의 결과인 복지체제에 대한 태

---

[1] 호혜성이란 대가를 치를 필요 없이 받는 혜택을 의미하며—장기적으로 볼 때 모두가 그 제도로부터 혜택을 받게 된다(Kildal 2000)—때때로 분배적 정의라고 불린다.
[2] 이러한 현상은 세계화(globalization)의 결과로, 사회보장(social security)과 연금의 민영화, 노동시장 규제완화 및 기업에서 개인으로의 세금 부담의 이동이 일반적인 추세로 보인다(Vij 2007).

도와 대중의 지지와 관련한 변화에 대해서도 논할 것이다.

본 논문에서 주장하는 바는 두 가지다. 첫째, 일반화된 호혜성과 보편적 복지제도에서 계약과 유사한 강한 조건부의 잔여적 제도로의 변화는 전통적인 복지제도에 대한 대중의 지지에 영향을 줄 것이다. 둘째, 하나의 구체적인 새로운 결과로서 제3섹터(the third sector), 즉 비영리 조직 및 사회공헌을 통한 새로운(또는 옛것의 재발명격인) 형태의 복지 생산에서 복지 활동 확대의 여지를 발견하게 될 것으로 보인다.[3]

이러한 주장을 제시하기 위해 우선 최근 스바포르(1996, 2004)와 마우(2004)가 전개한 이론적 관점을 제도 이론과 정치사회학이라는 광범위한 범주에서 설명한 뒤 스웨덴의 복지제도가 맞닥뜨린 몇몇 외생적, 내생적 변화와 도전 요인을 논할 것이다. 마지막으로, 스웨덴에서 제3섹터에서 생산된 복지가 증가하는 경향을 보이는 원인에 대해 의견을 제시할 것이다. 아울러 비영리 부문과 사회공헌의 테두리 안에서 생산된 복지를 호혜성과 관련한 가치관과 규범의 비교 사례로 이용할 것이며, 몇 가지 잠정적인 결론을 도출할 것이다.

복지체제의 규범적 권능

복지 생산 조직이 정당성과 연대, 특정 복지모델에 대한 지지를 제도

---

[3] 다양한 조직들이 시장과 국가의 외부에서 운영되고 있다. 일반적으로 이들은 유럽에서는 제3섹터, 미국에서는 비영리 조직으로 불린다. 여기에는 각종 조합(mutuals), 협동조합, 자원봉사부문, 독립부문, 비영리 및 NGO 조직, 시민단체, 자선(charity), 사회공헌(philanthropy), 사회운동이 포함되며, 대부분 제3섹터를 정의하기 위해 미국에서 고안된 개념들이다. 복지생산을 위해 연방정부로부터도 기금을 받는 종교 기반 조직(교회)의 존재는 미국의 고유한 특징이다(Hacker 2002). 보통은 영리 및 비영리 조직으로 구분되지만, '제3섹터'라는 개념은 개인의 투자수익이 아닌 집단적 풍요(collective wealth)의 생성에 주력하는 조직에 사용하는 데 적합하다.

적으로 형성하는 방식은 널리 논의되고 분석되었다. 예를 들어 스바포르(1996, 2004)와 마우(2004)는 복지제도에 대한 사람들의 지지는 개인적 이익의 극대화에만 달려 있지 않다고 주장했다. 그들은 시민들이 복지국가 프로그램의 도덕적 목적에 찬성하는 이유에는 해당 복지 제도의 유형(form)도 포함된다고 주장한다. 복지 지지에 관한 일반적인 결론을 내리기 위해 계층 간, 국가 간 비교를 다룬 통계자료는 많이 이용되었지만, 제도화된 규범의 메커니즘이 탄생하는 방식에 대한 질문은 그동안 주목을 받지 못했다.

복지제도의 근원적 이념과 제도적 고안이 복지에 대한 의견과 태도를 (부분적으로) 형성한다는 사실은 동시대의 연구 결과를 통해 알려졌는데, 연구에 따르면 기존의 복지제도에 대한 지지 양상과 가치관은 각 계각층의 시민들 간에 다르게 나타난다(Svallfors 2007). 예를 들어 아동수당, 보건, 육아휴직 및 시민에 대한 이전(transfer)이나 서비스를 생산 또는 관리하는 제도에 대한 태도는 수많은 요인에 따라 다양한 양상을 보인다. 이러한 요인 중에는 소속 계층, 교육 수준, 직업군 등이 있다(Svallfors 1997, 2004). 복지제도에 대한 지지는 상위 중산층(토목기사), 하위 중산층(지자체 공무원), 학자(물리학자), 자영업자(소규모 사업체 경영주) 등 여러 계층에서 다른 양상을 보인다.[4]

복지 생산자들과 이들을 창출한 이념의 제도적 혼합(mix)은 사회계층에 따른 복지 서비스 경험을 상당 부분 결정하고, 복지 생산에 대해 지배적인 태도를 형성하는 데 결정적인 역할을 한다. 부유층과 빈곤층,

---

4 이들은 일상적인 안녕을 위해 복지 장치에 크게 의존하지 않는 계층의 사람들이다. 그들은 빈곤층, 편부모 가정, 실업자 또는 병자처럼 널리 연구되는 소외 계층이 아니기 때문이다. 일반적으로 소외계층은 복지제도에 대해 다른 계층과 다른 가치관을 지니고 있다고 가정한다.

아픈 사람들과 건강한 사람들 및 세대 간의 자원 재분배를 위한 제도적 전제조건은 복지제도에 대한 사람들의 경험과 궁극적으로는 가치관을 결정한다. 예를 들어 마우(2004)에 따르면, 국민과 국가(및 민간 기업, 제3섹터, 기타 다양한 공공부문 조직 등 각기 다른 복지 생산자들) 사이의 양방향 복지-교환(welfare-exchanges)에 포함되는 호혜성에 대한 기대는 제도화된 복지혼합(welfare mix)의 구성 방식에 따라 다르게 형성된다.

따라서 이러한 기대의 특징은 복지 생산자의 다양한 혼합 구성을 좌우하지만, 가장 중요한 것은 생산자와 수혜자 간의 교환을 통제하는 조건, 즉 호혜성이다. 다시 말해 복지 교환에 대한 기대는 복지 생산자나 기부자가 복지 구성 방식에 대한 규범과 가치관에 근거하여 구체적인 규칙을 확립하는 조건 속에서 형성된다. 복지 장치(welfare arrangements) 및 서비스 중 일부는 어떤 호혜성을 포함해야 하는지에 관한 해석에 열려 있는 반면, 다른 일부는 무엇이 합리적인 기대인지에 대한 각기 다른 종류의 더 구체적인 도덕적 가정과 이념에 근거한다. 이러한 논리를 바탕으로 마우는 다양한 복지 제도와 그것이 각계각층의 사람들에게 초래하는 결과 또는 수반하는 비용에 기초한 기존의 복지제도 분류체계들과는 다른 체계를 제시했다. 마우의 분류체계는 각각의 복지제도가 형성하는 가치관에 초점을 맞춘다. 그것은 복지 사회에서 어떤 교환과 그 교환을 뒷받침하는 어떤 도덕적 가치가 탄생하는가에 관한 것이다. 일련의 구체적인 복지규범은 기대의 내용과, 개인이 지원을 받기 위해 어떤 조건을 따라야 하는지에 대한 기대를 부추기거나 좌절시킨다. 이러한 방식으로 시민과 복지제도 사이에 새로운 관계가 형성된다. 예를 들어 어째서 특정 소득(세금)은 타인과 공유되어야 하고, 제도에 대한 규범적 비판이 어떻게 비칠지 등등…. 따라서 아동수당이나 보건 서비스 등 특정 이전 제도(transferring system)는 각기 다른 호혜성 수요를 창출한다. 조건부가 강한 복지제도의 경우, 언제, 어디서, 어떻게 지원을 받는지에 대한 기대는 물론, 지원을 받기 위해 감당해야 할 것은 무엇인지에 대한 사람들의 기대도 구체적일 것이다. 이러한 제도는 평등이나 시민권에 기반을 두는 정도가 조건부가 약한 제도의 그것과 다르다. 조건부가 약한 제도는 다소 불안정한 헌신과 호혜성 요구를 내포한다.

복지체제의 또 다른 차원은 얼마나 많은 시민이 혜택을 받는지—보편적인지 잔여적(선별적, 자산조사형)인지—와 관련되어 있다. 모두에게 혜택이 돌아가는 관대한 보편적 제도인지, 특정 복지 서비스나 경제적

〈그림 1〉 도덕적 분류체계

보편적 제도	약한 조건부	잔여적 제도
일반화된 호혜성 연대 동기 공적 책임 확대된 사회적 권리		위기 호혜성 또는 성향적(dispositional) 호혜성 자유 평등주의적 동기 기본적인 사회적 권리
	재분배 정책 모델 결과의 평등	보조적 평등주의 정책 기회의 평등
	정책 모델	
	갹출 모델 지위 유지	선별적, 잔여적 정책 빈곤퇴치 자산조사
균형적 호혜성 보험적 태도 보상 기대 등가성	강한 조건부	의무적 호혜성 자선적 동기 최후의 수단으로서의 지원 정말로 어려운 사람들을 지원

출처: Mau 2004

지원이 필요하다고 분류된 사람들만 혜택을 받는 자산조사형 제도인지에 따라 기대와 가치관은 다를 것이다. 이와 관련해 필자가 마우(2004)로부터 차용한 다음과 같은 방식의 모델이 있다.

넓은 의미에서 복지는 각기 다른 제도적 장에서 다양한 조직(예를 들어 민간 기업 시장 또는 민주적으로 통치되고 공적으로 소유된 조직, 비영리부문, 시민사회 및 가정)의 혼합을 통해 생산된다. 이러한 복지 생산자들은 여러 가지 조건과 더불어 보편주의나 잔여주의가 각계각층의 시민에게 어느 정도로 영향을 미치는지를 결정하는 구조 속에 뿌리를 내리고 있다. 서비스나 금전적인 보상이 소득의 재분배, 집합재(사회적 임금), 혹은 더 구체적인 아동수당, 보건, 교육 등인지에 따라 각기 다른 계층의 사람들이 제도에 포함되거나 포함되지 않을 것이다.

이 모델은 각기 다른 체제가 호혜성에 대한 각기 다른 기대와 규범을 낳는다고 본다. 그림 1에서 스웨덴은 역사적으로 조건부가 약한 전형적인 보편주의의 사분면에, 미국을 비롯한 앵글로색슨 국가는 조건부가 강한 전형적인 잔여주의의 사분면에 속해 있었다.

호혜성은 사람들이 집합적 복지 장치를 기꺼이 수용하는 이유와 상황을 이해하는 데 도움이 되는 개념이다. 국가는 제도화된 호혜성의 장치로 간주될 수 있으며, 사람들은 복지 교환(서비스 또는 금전적 보상)을 평가할 때 공동의 정의(mutual justice)라는 규범을 언급하는 경향이 있다. 세금이나 자원봉사를 통해 복지제도에 기여하는 개인은 자신의 노력에 대한 물질적 또는 상징적 보상을 기대한다. 이러한 보상이 정확히 무엇이어야 하는지는 복지제도 상호 간은 물론 각 복지제도의 내부적으로도 매우 다양한 양상이 존재한다(Mau 2004).

마우의 분류체계는 복지 장치들을 정의하는 규범적 가정들과 그것들이 시민들 사이에 어떤 가치관을 형성하는지를 밝히고자 한다. 본 분류체계는 각각의 체제가 복지 서비스와 금전적 보상을 정당화하기 위해 각기 다른 유형의 호혜성을 강조하며, 그것을 이해하게 하고 수용하게 한다는 것을 보여준다. 따라서 정당성은 재분배의 효과뿐 아니라 제도화된 교환의 일부로서 수용된 호혜성 형식을 좌우하기도 한다. 즉, 사람들이 특정한 복지체제를 지지하는 것은 단지 그 체제가 자신들의 개인적 이익을 최대화하거나 위험을 최소화하기 때문이 아니라, 제도 자체가 해당 제도의 지속이나 재생산을 위한 도덕적 지지를 창출하기 때문이라는 것이다.

복지제도가 맞닥뜨린 도전 요인들에 대한 각국의 대처 역량은 불균형적이다. 일부 국가는 국가와 국민 차원에서 타국보다 확대 또는 축소된 국가 개입에 대한 정당한 지지를 이끌어내는 자원을 더 많이 갖고 있다. 시장, 제3섹터, 국가로 이루어진 복지혼합과 그것을 뒷받침하는 제도들의 구성은 현재의 힘겨운 세계화 시대에 복지를 창조하고 개선할 국가적 자원의 기능에 매우 중요하다. 복지제도에 대한 대중의 지지는 이러한 자원 가운데 하나이다.

연대나 호혜성은 다양한 복지제도를 뒷받침하는 이념이자, 국가가 국민에게 그리고 국민이 국가에 기대하는 바를 규정하는 핵심 개념이다. 이러한 관점에서 복지 생산 조직은 일반적인 호혜성과 연대를 위한 전제조건을 탄생시킨다. 이런 의미에서 호혜성의 규범이 형성되고 시간이 흐르면서 변화하는 방식은 국가, 시장, 제3섹터 각각에 의해 어떤 요구가 충족되는지에 어느 정도 달려 있다. 이들 사회적 부문 간의

복지혼합은 복지제도에 대한 사람들의 태도가 어떻게 해석될 것인지를 결정한다.[5]

예를 들어 마우(2004)는 각기 다른 복지 생산 제도가 혼합되는 구성 방식은 각기 다른 호혜성 규범을 활용하며, 수혜자와 후원자 간의 특정한 관계는 복지제도에 대한 우리의 태도에 영향을 미친다고 주장한다. 다양한 배경의 사람들이 복지제도에 대해 공유하는 태도를 설명하는 것은 복지 교환을 수반하는 규범적 개념과 그러한 교환에서 제도가 수행하는 역할의 조합이다.

복지 생산 제도는 부자에서 가난한 사람으로(수직적으로), 한 세대에서 다음 세대로(수평적으로), 건강한 사람들에서 아픈 사람들로, 무자녀 가정에서 유자녀 가정으로 이뤄지는 사회적 이전을 조율한다. 하지만 앞서 주장한 것처럼 복지 생산 제도에는 규범을 정하고 안정시키는 기능도 있다(Rothstein 1998: 135). 이러한 제도는 특정한 이권과 규범을 낳고, 이는 다시 해당 규범을 생산하는 제도를 강화하거나 약화한다. 제도에 내재하는 의미는 개인의 행위에 대한 동기를 제공하고, 그 제도가 대변하는 규범과 가치관에 대한 헌신을 낳는다. 이어 제도는 사람들이

---

[5] 영국의 역사학자 리처드 티트무스([1970] 1997)는 헌혈을 통해 사회적 정책과 관련한 호혜성과 연대를 설명했다. 그는 어째서 사람들이 금전적인 보상이나 대가 없이 헌혈을 하는가라는 질문을 던졌다. 그것은 금전적인 부와는 무관하게 부유층에서 빈곤층으로의 자원 재분배가 이뤄지는 사례다. 이 과정의 효과는 평등의 증진 및 집단/계층 간의 보편적 통합이며, 기부자들은 불우한 사람들을 비판(거부)하고 있지 않다. 이러한 시각에서 복지는 일반적 복지제도를 없애는 방식에 관한 것이 아니라 실직자와 빈곤층으로 하여금 일을 하거나(Deacon 2002) 고용 가능한 상태가 되고(Garsten & Jacobsson 2004) 쉽게 하는 프로그램을 마련하는 일이다. 티트무스의 복지는 주는 행위를 통해 불우한 이웃을 돕는 이타심의 표현이다. 불우한 사람들의 처지는 그들 자신의 탓이 아니다. 따라서 복지제도는 개인의 이익 극대화를 위한 창구가 아니라 사람들이 자신의 처지 개선을 위해 노력하게 하는 환경을 조성하는 수단으로 봐야 한다. 또한, 복지제도는 그 관계의 도덕적 내용이 드러날 때조차도 도덕적 재교화를 위한 메커니즘이 아니다. 복지제도의 기능은 일시적 공여를 통해 자원을 공급하고 위험을 분배하는 것에만 국한되어 있지 않다. 어떤 이유에서든 인생의 특정 시기에 도움이 필요한 사람들은 모두 복지나 사회부조제도(social provisions)의 혜택을 받을 수 있다. 그러나 이것은 국가의 존재 이유인 정부 권력의 표현도 아니다.

무엇이 합리적인 행동방침이라고 생각할지는 물론, 도덕적 관점에서 무엇이 정당화되고 책임감 있는 것으로 비치는지도 결정한다. 제도가 변할 때 규범도 함께 변할 것이다. 장기적으로 볼 때, 초기에 비판을 받고 정당성이 부족한 경우에도 규범의 내부적 변화는 규범에 대한 수용과 새로운 제도를 위한 강화된 정당성을 생성할 것이다.

지금부터는 스웨덴 복지제도의 외생적, 내생적 도전 요인과 발전에 대해 논하고자 한다. 먼저 외생적 요인부터 살펴보자.

스웨덴 복지 발전의 외생적 도전 요인

본 논문의 서론에서 언급했듯이, 스웨덴과 그 밖의 복지국가들이 직면한 도전 요인은 크게 주변 정세 및 세계화의 여파로 인한 외생적 요인과 스웨덴 내부 상황에 기인한 광범위한 내생적 요인이라는 두 가지 유형으로 나뉜다. 이 글에서는 외생적 요인에 대해 먼저 논의한 후 내생적 요인은 다음 섹션에서 언급하고자 한다.

외생적 요인은 세계화의 진전으로 인한 자본의 유동성 확대, 국제 규범 및 규제로의 수렴화, 이동 흐름(migration flow), EU 통합 및 유로화 관련 문제(유럽화), 지속적인 시장 자유화 및 이에 대한 저항의 결과로 부상한 새로운 국가 역할(Johansson 2008) 등에 기인한다.[6]

1970년대 말 세계화의 경제적 영향력이 커짐에 따라 복지제도의 발전에 제동이 걸리기 시작했다. 보편적 복지제도에 대한 신보수주의자

---

[6] 세계화 과정은 복지 발전에 긍정적 영향을 미치기도 한다. 인권 등과 관련된 규범 및 규제의 수렴화, 국민과 국가 사이의 통합 증대, 자본시장 확대 등이 대표적인 사례이다. 그러나 본 논문에서는 세계화가 복지 발전에 미치는 부정적인 영향에 초점을 맞출 것이다.

들의 비판과 복지 제공자와 수혜자 사이의 일반화된 계약관계가 호혜성(reciprocity)이라는 복지 부문의 오랜 전통을 약화시켰다. 자유방임주의 정치의 첫 번째 근대적 징후는 금본위제 몰락 이후 시작되었다. 1973년 발생한 오일쇼크와 그 여파로 1980년대 초에 나타난 규제완화의 물결은 세계 경제에 종속된 국가 경제의 취약성을 여실히 드러냈다. 금융과 자본에 대한 규제완화로 민영화와 인수합병이 증가하고(2001년과 2009년에는 이러한 현상이 현격히 둔화했음에도 불구하고), 외국인 직접 투자가 확대되었으며, 주식 및 포트폴리오 투자의 제한적 세계화가 일어났다(Simmons 1999). 이러한 활동은 국가에 외부 위협 요인을 양산하고, 때로는 기술, 제품, 취향이 예측 불가능한 방식으로 끊임없이 변화하며, 복지 수요에 충격을 안겨주기도 한다(Hall & Soskice 2001). 세계화 과정이 보편적 흐름으로 자리 잡으면서 옹호자들은 재정안정과 통화안정 등 인플레를 억제하는 재정정책으로 수렴할 것을 복지국가들에 요구하고 있다. 이 같은 현상은 최근 금융위기 이후 더욱 두드러졌다.

이와 더불어 복지국가의 축소 및 사회적 급여의 감축은 상당수 국민에게 부정적인 결과를 가져왔고, 이 때문에 고품질의 충분한 복지 서비스를 제공하라는 대중의 요구가 개별 국가가 감당할 수 없을 정도로 거세지는 상황이다.

경제성장은 복지발전의 전제 조건으로 인식된다. 경제성장은 병자, 빈민, 실업자 등 구제가 필요한 사람들에게 분배할 재원 축적을 용이하게 한다. 일각에서는 국가가 경제성장을 이룩하고 전반적인 경제안정을 유지하려면 규제완화와 민영화 추세를 따라야 하고, 정부와 의회의 정치적, 경제적 역할이 축소되어야 한다고 주장한다. 심지어 국가가 앞으로는 쓸모가 없게 될 것이고, 정부의 운신 폭이 제한될 것으로 예측하기도 한다. 특히, 자국의 성공 기업들이 수익성이 더 높은 생산기지, 투자처 및 조세피난처로 이전하는 것을 막고자 '최선의 선택'을 해야 할 경우, 정부는 통치성(governmentability)을 포기할 수밖에 없다는 것이다(Hollingsworth & Streeck 1994, Boyer 1996). 이런 가운데 스웨덴은 자본주의와 사회주의를 넘어서는 '제3의 길(third way)' 또는 '중도(middle way)' 노선을 지향하며 1990년대 중반 사회민주주의 제도를 급진적으로 개혁하고 끊임없이 수렴(convergence)의 과정을 밟고 있는 대표적 주자로 주목받고 있다(Boyer 1996).

자유방임주의 정치에서 국가의 역할은 유무형 재산을 보호하고, 공평하고 개방된 접근을 보장하며, 모든 투자자가 세상 그 어느 곳에서도 자산을 매매하고 이를 통해 생긴 어떤 이익도 송금할 수 있는 자유를 보장하는 것이다. 또한, 보조금을 폐지하고, 자유경쟁에 입각한 가격 시스템의 왜곡을 방지하며, 정부와 산업 간의 유착 관계를 철폐하는 것이다. 다시 말해, 정부에 남겨진 역할이란 주로 자유방임주의의 의제 실행을 돕는 것이다. 국가는 또한 근로자 교육, 훈련에 관한 보조금 지급, 주기적 경제 혼란 완화, 경쟁전(pre-competitive) 연구 지원, (축소된) 사회적 임금 제공 등 잔여적 역할을 할 능력을 갖추고 이를 수행할 의무가 있다. 국가가 수행하는 잔여적 활동은 가능한 한 민간 부문의 실행과 일관되게 진행되어야 하며, 과세 수준은 낮은 상태로 유지해야 한다. 국가 주도의 경제 안정화 정책은 물가 안정의 보장이라는 가장 중요한 목표를 제외하고는 모두 폐지되어야 한다. 일례로, 정부는 워싱턴 컨센서스[7]나 바젤은행감독위원회[8]의 기준을 따르면서 민간 기업의 편의를 도모하라는 압력을 더욱 거세게 받고 있다. 상품과 금융시장의 통합 증대는 제도적 구조, 정책적 선택 및 경제적 성과의 수렴이라는 결과를 가져올 수밖에 없다는 주장도 있다(Kenworthy 1997). 순수한 신고전주의적 관점에서 보면, 통합된 상품 시장에서 직접 대면하여 경쟁을 벌이는 국가들, 즉 성장에 도움이 되는 확고한 구조, 기업 간 관계, 정부정책의 선택만이 살아남을 것이다.

경제 세계화의 결과, 적어도 표면상으로는 국가의 정치경제가 수렴하는 경향을 보이며, 사실상 각국 정부가 독자적인 복지 발전을 이룩할 가능성은 줄어들 것으로 보인다. 그러나 이는 일정 부분에서만 사실이다. 신제도주의적 이론의 관점으로 보면, 국가는 여전히 자국의 복지 발전을 결정할 역량을 유지하고 어느 정도 증대시켰으며(Weiss 1998), 시민사회는 제3섹터를 통해 비(非)국가 복지체계를 구성하고 지속적으로 확대해 나갈 것이다. 그 결과, 각국의 복지제도는 한 가지 형태로 수렴하기보다는 다양한 유형으로 분화할 것으로 보인다.

정치경제 제도 내에서 경제와 복지 발전의 메커니즘을 이해하는 것은 매우 중요하다. 한 국가의 정치경제 제도는 교환조정과 통치력의 수준, 다시 말해 오일쇼크나 환투기와 같은 외부 충격을 감당할 수 있는 국가의 역량을 나타낸다. 노동조합, 사회보장 프로그램의 보존을 추구하는 사민주의 정부와 복지 프로그램의 수혜자들은 수렴적 발전에 내

---

[7] 워싱턴 컨센서스는 글로벌 시장을 합리화하기 위한 IMF, 세계은행, 미국 재무부 간의 암묵적인 정치적 합의이다(Vij 2007).
[8] 바젤위원회는 은행을 비롯한 금융기관을 위한 기준을 수립하고, 세법, 경쟁 정책, 지식재산제도 및 기타 초국경 사업 조건을 '아우르는' 합의 기준을 마련했다.

한 대중적 저항을 실행으로 옮긴 주체들이다(Kitschelt et. al 1999, Hall & Soskice 2001). 형식적으로 국가는 자체적으로 운명을 통제할 수 있는 상당한 힘을 가지고 있다. 그러나 국가를 통한 복지 발전에는 한계가 있다. 일례로 스웨덴은 비용 증가와 세계 경제 체제로의 수렴 및 EU 통합 때문에 국가 주도로 복지 발전을 추구하는 데 적어도 일시적으로는 난관에 봉착한 듯 보인다. 규제완화와 조세감면을 야기하는 초국적 자본은 복지 발전을 위협하고 있다. 새로운 자본주의 논리는 국가들이 더는 시장의 동의 없이 정책을 시행할 수 없게 하고, 동일한 조세, 금융 및 사회 정책을 수용하도록 강요하고 있다.

세계화가 스웨덴 복지제도에 미친 영향을 몇 가지 제시하면 다음과 같다. 계급 및 성별 간 소득 불평등과 계급 및 민족 간 건강 상태의 불균형이 심화하면서 국가, 시장, 제3섹터 중 복지 생산 주체가 누구든 간에 대중의 복지 수요가 급증하게 되었다. 저임금 노동자, 여성 및 소수 민족에 대한 연대감이 약해졌고, 공공 부문 지출 감소, 민영화, 서비스 사용료 도입으로 사회의 취약계층이 타격을 받고 있다.

이뿐만 아니라, 자본의 이동성이 노동의 이동성보다 높은 까닭에 자본에 유리한 방향으로 권력이동이 일어나게 되어 재정위기가 발생하기도 한다. 개별 집단이 재분배 압력에서 벗어날 능력이 향상되면서 시스템에 대한 연대감이 감소하고 있다. 그러나 지난 몇 년간 스웨덴 당국은 다른 국민국가의 조세 당국과 협약을 연장하여 자본 이탈을 억제하는 데 성공하였고, 이는 투명성 강화와 개인 및 기업들이 스웨덴으로 자본을 되돌리는 데 크게 기여했다.

전반적으로 재정을 투입하여 사회보장 비용의 압력을 완화하는 것이

점점 어려워지고 있다. 재정 투입에 따른 인플레이션 증가는 국제 금융과 통화 시장에서 통화 가치의 하락을 불러온다. 경제의 세계화로 재정 정책의 설계가 어려워지고 지속적인 경제 자유화는 국가 개입을 제지한다. 일반적으로 세계화는 정부 및 국가의 통제와 통치 능력을 위협하는 등 부정적 영향을 미치는 경향이 있다.

초국적 자본은 복지 발전을 위협하고 규제완화와 조세감축을 가져왔다. 새로운 자본주의 논리는 국가가 더는 정책을 시행할 수 없게 하고 전 세계적으로 동일한 조세, 금융 및 사회보장 정책을 받아들이도록 강요하였다. 이러한 압력은 규제 차원에서 국제적 수렴화를 낳는 경향이 있다. 한마디로 세계화는 사회에 부정적 영향을 끼쳐 좀 더 효율적인 복지에 대한 수요를 촉발하는 동시에 규제 차원의 수렴화를 요구한다. 이는 세계 각국이 직면한 딜레마라고 할 수 있다.

위에서 언급한 내용에는 국가가 고려해야 하는 내생적 도전 요인과 관련된 사항을 일부 포함하고 있다. 이는 다음 섹션에서 논의하기로 한다.

스웨덴 복지 발전의 내생적 도전 요인

두 번째 광범위한 도전 요인은 세계화의 영향을 받기는 하지만 주로 스웨덴이 내부적으로 당면한 문제에 기인하는 내생적 요인으로 정의할 수 있다. 내생적 요인에는 복지 재화와 서비스를 제공하는 데 드는 비용의 증가를 해소하는 방안 등 재정적 이슈, 경제침체 위기, 조세 기반 축소, 세제개편의 필요성, 보건 및 교육 관련 공공 서비스에 대한 대중의 수요 증가, 비주류 계층(이민자, 노숙자) 포용, 저소득 아동 양육 가구를 위한 빈곤 퇴치, 낮은 수준의 재정적자 및 인플레이션 유지, 청년 실업 축소를 비롯하여 스웨덴의 경우 모든 국민을 대상으로 하는 보편적 복지 시스템의 유지 노력 등이 포함된다(Kildal & Kuhnle 2005, Kurian 2005).

스웨덴을 비롯한 북유럽 국가들은 1990년대 초반 견실한 재정 운용을 통해 경제 침체에서 회복했지만 여전히 그 여파로 과중한 비용 부담에 시달리고 있다(Kunhle 2000). 그리고 이 때문에 복지국가의 축소라는 극단적인 변화는 일어나지 않았지만, 복지비용을 충당하는 방식이 개편되었다. 서비스에 대한 사용료 부과라든지 소득 조사에 따른 사회보장 프로그램의 시행 등이 그 대표적인 사례이다(Stephens 2005). 그러나 소규모의 변화만 있었을 뿐, 고세율 부담은 21세기 들어 줄어들기는 했지만 여전하다. 2000년대 초반, 교육, 보건, 사회 서비스, 노인보호, 기초연금 등의 보편적 복지 요소는 여러 위기 속에서도 살아남았다(Andersen 2004).

한편, 1990년대 초반 경제위기와 2008~2009년 금융위기의 여파로 비용 압박에 시달린 스웨덴 정부는 최근 복지정책에 변화를 꾀하고 있으며, 자유주의 국가에서 시행하는 정책과 유사하게 계약 기반의 국민-국가 관계를 형성해 나가고 있다. 스웨덴은 경제성장의 둔화와 감세로 말미암아 복지비용 충당에 난항을 겪어 왔다. 국가 주도의 복지체제는 인구 고령화 추세와 사회보험 및 복지제공 관련 비용의 증가라는 구조적 문제에 봉착해 스웨덴의 복지 역량에 부담이 가중되는 상황이다.

인구 구성의 변화라는 내부 위험 요인은 보건과 요양 서비스를 제공해야 할 (건강한) 노령 인구의 증가와 더불어 편부모 가구 등 새로운 유형의 가족 구성이 증가하는 추세에 기인한다. 이러한 위험 요인은 재정에 부담을 주는 것은 물론, 고용의 이동성과 활동성이라는 측면에서 노동시장의 기능을 떨어뜨린다. 또 다른 위험 요인은 신뢰와 정당성의 위기이다. 제도에 대한 신뢰와 정당성이 떨어지면 복지 시스템과 사회보험에 대한 대중, 특히 부유층의 지지가 감소한다.

보편적 복지 모델의 정당성을 유지하고 강화하는 방안은 복지를 개인화하는 것이다. 국민은 공공 서비스와 재화의 사용자이자 소비자가 되었다. 이는 의사결정 권한을 분산시켜 국민들이 복지 생산 주체를 자유롭게 선택하도록 하여 제도에 대한 정당성을 강화하는 것을 목표로 한다(Johansson 2008). 복지의 개인화는 1980년대부터 지금까지 병원과 학교를 포함한 스웨덴의 공공 부문에 지대한 영향을 끼친 "관리주의"나 "신공공관리론" 철학에 뿌리를 두고 있으며 다음과 같은 변화로 이어졌다. 1) 행위자(executor)와 의뢰인(client)의 구조적 분리를 통해 민간 기업의 공공 부문 진출을 촉진하고 행위자에 대한 당국의 통제를 강화한다. 2) 공공 재원은 성과를 바탕으로 할당된다. 3) 복지생산을 포함한 전 영역에서의 경쟁을 통해 통치권을 국가에서 시장으로 이전한다. 4) 사용자인 국민의 선택의 자유가 보장된다(Blomqvist & Rothstein 2000).

이러한 변화는 공공 부문의 예산 책임성을 강화하는 결과를 가져왔고, 공공 부문 내에 '내부시장'을 형성하여 가장 낮은 수준으로까지 책임을 위임했다. 최근 들어 복지혜택은 점차 노동시장에의 참여를 통하거나 자산 조사의 결과에 따른 특정 요구사항에 맞춰 조정되고 있다. 이렇듯 복지혜택과 수혜자 사이의 (또는 국가와 국민, 집단과 개인의) 관계는 '책임을 지지 않으면 권리도 없다'[9]는 개념을 바탕으로 한 계약 중심의 관계로 변모했다. 재상품화(re-commodification) 추세는 국민에게 복지와 삶의 기회를 얻기 위해 시장, 즉 일자리에 상당 부분 의존하게 하였고(Svallfors 2000, 2002, 2007), 경우에 따라서는 가족이나 제3섹터에 대한 의존도를 높이는 결과를 가져왔다.[10] 급속도로 진전되는 재상품화 추세는 노조가입, 단체교섭 및 조합주의 복지 프로그램의 감소에서 여실히 드러나고 있으며, 이는 임금과 소득 불균형의 심화로 이어졌다(Svallfors 2007).

이러한 변화 가운데 두드러지는 것은 국내 노동시장의 규제를 무력화하는 국제자본의 지배력 강화, 고용 불안정 및 소득 불평등 심화, 공공 및 민간 부문의 시장 지향성 증가, 노동시장에서의 위치와 사회보험, 주택수당, 서비스 이용과 같은 혜택 사이의 연관성 강화, 보편적 복지 프로그램의 지속적인 감소에 따른 사회보장 서비스의 불충분한 제공 및 이전 제도에 대한 기득권층의 지지 축소이다. 또한, 복지 수혜 자격요건 강화, 주택수당 및 사회보험과 소득의 연동, 소득대체율 감소, 서비스 사용료 시행 등의 변화도 있다. 장기적인 측면에서 이러한 변화는 복지제도의 정당성에 대한 부유층의 신뢰도 감소를 가져올 것으로 우려된다(Svallfors 1999, 2000, 2004).

이와 더불어 사회적 이전 제도의 대상에 속하지 않는 사람들의 불안정 및 소외와 같은 사회적 이슈들은 새로운 계층에 속하는 사람들에게 새로운 위험 요소를 안겨주고 있는데, 이에 대해서는 '노동연계복지

---

[9] 일종의 분배 정의
[10] 요스타 에스핑-안데르센(1990)이 명명한 제도화된 복지정책의 특성, 즉 탈상품화(de-commodification)의 반대 개념

(workfare)'라는 해결책이 제시되었다(Kildal 2000). 1960년대 대규모 보편적 연금제도가 처음 도입된 이후, 스웨덴에서는 사회적 소득이전이 조건 없이 수혜자에게 제공되었다(Åmark 2005). 아동수당과 기초연금 역시 조건 없이 제공된다. 자녀가 하나 이상이거나 특정 연령 이상이면 소득 수준에 상관없이 위의 혜택을 받게 된다. 한편, 이러한 혜택은 사회적 권리와 결부되어 있으므로 되갚을 필요가 없다.[11]

스웨덴은 보편적 복지에 대한 대중, 그중에서도 중산층의 지지가 강하고 강력한 국가체제와 공고한 시민사회라는 오랜 전통을 지닌 국가로 인식되고 있다. 그러나 위에서 언급한 복지제도와 서비스의 변화는 보편적, 포괄적 호혜성을 기반으로 하는 복지제도에 대한 인식 변화와 지지 감소로 이어졌다. 지출 확대와 복지제도 내의 전반적 변화는 제3섹터의 부상으로 이어졌다.

도전 요인의 해결: 제3섹터의 귀환

앞서 기술한 도전 요인의 해결 방안에 대한 논의는 오래전부터 시작되었다. 지속적인 무역 자유화, 조세 기반의 세계화 또는 유럽화, 부가가치세와 직접세 인상, 소득세와 재산세 인상 등이 그 해결책으로 제시된 바 있다. 그러나 제시된 해결책 중 일부는 최근의 정치개혁과 배치되는 양상을 보인다.

그 밖에 민간 기업 지원과 '외부 충격' 완화를 위한 국가 역량 강화가

---

[11] 이는 마셜([1950]1996)의 주장으로, 그는 일찍이 모든 시민은 권리에 따라 보편적이고 동등한 지위를 지녀야 한다는 규범적 개념에 기초하여 복지를 주장했다.

해결책으로 제안되었다. 위기의 시기에는 정책, 전략적 파트너십, 혁신, 연구, 재정 및 인프라 지원을 통해 새로운 위험 요인에 맞서는 등 국가의 새로운 역할이 점차 증가하고 있다. 그러나 경험적 결과에 근거하면, 비공식, 비영리 경제(제3섹터와 가족에 대한 의존)가 성장하고 있으며 이들은 복지 서비스 공급에서, 때로는 소득대체에서 점차 그 중요성이 커지고 있다.[12] 본 섹션에서는 제3섹터의 잠정적인 성향과 스웨덴 복지 발전을 위한 그 역할을 중점적으로 살펴볼 것이다.

제3섹터는 하나의 중심 원리가 우세하게 작용하는 두 영역 사이에 존재하는 중간 영역을 말한다. 즉, 이윤 극대와 비용 최소 원칙이 지배하는 민간 부문(시장)과 국가에 의한 조세 및 기타 자원의 재분배를 우선으로 하는 공공 부문 사이에 존재하는 개인이나 가족이 주고받는 재화와 서비스의 호혜성을 추구하는 부문이다. 시장경제는 오늘날 위계 시스템에서 가장 중요한 원칙으로 여겨지며, "… 비시장 경제는 보충적이고 비화폐 경제는 잔여적이다."(Evers & Laville 2004: 20)

복지국가가 처음 등장하기 시작한 19세기 말, 복지 제공은 시민사회의 몫이었다. 가족, 조합, 비영리 조직, 교회 및 자선활동을 중심으로 하는 사교단체 소속 후원자들이 그 주역이었다. 많은 제3섹터 조직들은 연대를 기반으로 근로상해, 상병 및 고령과 관련된 문제들을 떠맡기 시작했다. 스웨덴의 제3섹터는 사회대중운동의 역사와 맥락을 같이한다. 노동운동(노조, 좌파, 사민당), 소비자 협동조합, 금주운동 등은 모두 일반 시민들로 조직된 민주적인 조직에 의해 이루어졌다. 이들 조직

---

[12] 최근 연구(Ferrera 2005)에서 유럽연합 국민 95%는 "타인을 돕는 것"이 매우 중요하다고 생각하며, "타인"이 누구인지 특정하지 않더라도 곤경에 처했을 때는 타인으로부터 도움받기를 기대하는 것으로 나타났다.

은 강력한 지역 기반을 가지고 활발히 활동했으며 전국적 조직망을 갖추고 있다. 대중운동은 고립된 조직에 의해 이루어진 것이 아니라, 대부분 강력한 협력 네트워크를 통해 확산하였다. 이들은 또한 19세기와 20세기 초 스웨덴을 장악했던 관료, 성직자, 귀족, 자본가에 대한 저항 운동을 주도했다.

그러나 제2차 세계대전 이후 정부지원이나 사회보장 서비스가 스웨덴의 사회 정책의 주축이 되었고, 공동체는 보건, 교육, 사회복지 및 은퇴 후 생활을 위해 국가에 의존하게 되었다. 스웨덴 복지체제가 자리 잡기 시작한 1940년부터 제3섹터 조직들은 복지 생산자로서 독립적인 역할을 수행하지 않았다. 그 대신 국가가 공공 기관의 건립을 통해 국민의 복지에 대한 책임을 도맡았다(Lorentzen 1998). 따라서 국가의 관점에서 볼 때, 제3섹터는 공적 목표를 달성하기 위한 수단이었을 뿐 본질적으로 제한적인 가치만을 가지고 있었다. 정부는 그 이후부터 최근까지 대중이 요구하는 서비스를 안정적으로 제공하였다.

그러나 앞서 언급했듯이, 정부가 복지 서비스 수준을 일관되게 유지하는 것이 점점 어려워지고 있다. 사실상 현대 복지사회가 출현하기 전과 마찬가지로 제3섹터에 다시 복지 생산을 요구하는 것은 국가 축소의 결과라고 봐도 무방할 것이다.

최근 수십 년 동안 현대 사회는 자선단체와 제3섹터 조직들의 꾸준한 증가를 목도하였다(Salamon & Sokolowski 2004). 북유럽 국가들(캐나다 포함)은 1970년대 이후 자선단체 가입 수준이 세계 최대 수준을 기록했으며, 미국보다도 훨씬 앞서 있다. 스웨덴의 성인 열 명 중 아홉은 하나 이상의 자선단체에 가입해 있다(Pestoff 2004).[13] 살라몬과 소콜로프스키(2004)에 따르면, 자원봉사는 금전 기부보다 시간 기부가 더 중요하다(해당 조직에서 일하는 사람들은 무임금으로 일하기 때문이다). 민간인 기부의 약 60%는 자원봉사의 형태를 취하고 있으며, 특히 네덜란드, 스웨덴 및 기타 북유럽 국가와 일부 개도국에서 높은 자원봉사 참여율을 보이고 있다.

스웨덴에서 제3섹터의 확대는 공적 개입의 이념과 맥을 같이한다.[14] 다른 국가들과 달리 스웨덴의 제3섹터는 대체로 공적 지원에 대한 의존도가 낮고 자립도가 높은 편이다. 오래전부터 정치인들은 자선을 통한 민간의 복지 제공을 국가 실패의 징후로 간주하거나 국가 활동을 보완하는 요소로 보는 경우가 많았다. 그 결과, 스웨덴의 제3섹터는 전통적으로 보건, 고등교육, 사회활동과 같은 영역에서 비교적 약세를 보였고, 스포츠, 레저, 문화활동, 성인교육 및 주택조합, 노동시장 등에서 강세를 보였다.

그럼에도 공제조합과 같은 조직들의 활동은 사회보장제도 구축에 기여한 바가 크다. 제3섹터, 정부 당국, 공공정책이라는 제도적 혼합으로 복지 서비스라는 광범위하고도 안정적인 영역이 형성되었고, 그 덕분에 부문 간 결합이나 정책 공유가 이루어지기도 한다. 정치권에서 자선을 통한 공공지출과 비공식경제의 단점을 보완하는 제도를 수용하면서 제3섹터는 점차 개인 사회보장 서비스의 공급자로서 중요한 역할을 수

---

13 미국에서 수행되는 연구는 이익의 일부를 회원에게 배분한다는 조건 때문에 비영리 부문에서 협동조합과 공제조합을 제외한다.
14 에버스와 라빌(2004)에 따르면, 유럽의 제3섹터는 미국의 제3섹터와 다르다. 유럽의 노동운동과 정치·경제 이념은 미국보다 더 강한데, 이는 시장교환과 국가보호 이외에 부와 복지 생산 메커니즘을 창출하는 기반이 되기 때문이다.

스웨덴 복지 모델의 지속 가능성과 특징

행하게 되었다.[15] 예를 들어, 스웨덴 정부는 2010년 세법 개정을 통해 자선단체 기부금에 대한 공제 한도를 높였으며, 그 결과 기부금 규모가 크게 증가했다. 그러나 조세부담의 완화가 기부 증가로 이어지는 것은 아니었다. 일례로 영국과 미국의 조세제도는 유사하지만, 미국은 근로소득자의 월급공제형 기부 참여율이 높은 반면 영국은 참여율이 현저히 낮다. 이는 기부에 대한 인식과 태도의 차이를 반영한다고 볼 수 있다. 부유층이 대중에 대한 자선활동을 경쟁적으로 드러내는 것은 부적절한 행동이며 불쾌감을 일으키는 것으로 인식되는 경우가 있다.

앞으로 제3섹터의 규모는 지속적으로 확대될 것으로 보이는데 이에 대해서는 다양하고 복합적인 근거가 제시되고 있다. 첫째, 제3섹터는 빈곤층 수혜자뿐만 아니라 중산층과 부유층 근로소득 후원자들에게도 복지를 제공하고 있으므로 규모가 커질 가능성이 크다(Bielefeld 2000). 즉, 고령 인구 중 부유층 비율이 높아지면서 자선단체에 대한 유증 규모가 증가하고, 공동체가 부유해질수록 교육과 예술 등 일명 생활쾌적 서비스를 제공하는 제3섹터 기관의 수가 급증할 것이다. 빈곤층 수혜자들에게 복지 서비스를 제공하는 제3섹터 조직에서는 빈곤층 비율의 증가로 서비스 제공 규모가 더욱 커질 것이다. 한편, 자연재해로 막대한 피해를 본 국가들에 대한 후원이 자선활동과 기타 제3섹터 활동을 더욱더 활성화하는 계기로 작용하고 있다.[16]

---

[15] 한편 미국의 기부자들은 자신들이 국가보다 더 효율적으로 지출할 수 있다고 믿는다.
[16] 9·11테러, 뉴올리언스를 덮친 허리케인 카트리나, 동남아시아를 초토화한 쓰나미 등 인재와 천재지변으로 피해가 속출하면서 전 세계 많은 국가의 자선단체들이 주목을 받고 있다.

결론

　초기 연구에 따르면, 스웨덴을 포함한 북유럽 국가의 복지 모델은 유럽대륙 모델에 점차 수렴하는 양상을 보였는데, 이는 주로 다른 국가들이 북유럽 모델의 기준을 모방했기 때문이다(Kautto, Fritzell, Hvinden, Kvist & Uusitalo 2001). 그러나 북유럽 국가들은 복지제도를 위협하는 공통적인 문제와 압력에 대해 상당히 다른 방식으로 대처했고, 이를 통해 각기 다른 발전 양상을 보여주었다.

　스웨덴의 복지제도는 지난 30년간 큰 폭의 변화를 겪었다. 마우의 분류체계 모델에서 알 수 있듯이, 스웨덴의 복지제도는 일반화된 호혜성, 계층, 세대 및 기타 사회집단 간의 연대를 바탕으로 한 집단적 책임 공유와 사회권 확대가 특징인 약한 조건부의 보편적 복지제도(p.122 그림 1의 사분면에서 왼쪽 상단)에서 균형적 호혜성, 개인보험의 보편화, 수익에 대한 기대, 장기적인 등가성 추구를 특징으로 한 강한 조건부의 보편적 제도(그림 1의 사분면에서 왼쪽 하단)로 변화했다. 스웨덴은 여전히 특유의 보편적 복지제도를 고수하고 있지만, 포괄적 제도에서 벗어나 분산화되고 개인화된 시장 중심의 계약 시스템을 도입했다. 사회보장 급여와 소득대체와 같은 일부 제도는 소득에 따른 선별적 제공으로 바뀌었다. 국민의 복지 수혜 조건은 까다로워지고 호혜성 수준은 높아졌다.

　특히 스바포르(1996, 2004)와 마우(2004)가 수행한 연구에서, 복지제도에 대한 인식은 여전히 긍정적이고 정당성 또한 유지되고 있으나 계층 간 인식 격차는 상당히 벌어진 것으로 나타났다. 부유층은 제도적 변화를 긍정적으로 수용하는 경향을 보인다. 필자는 이러한 제도적 변화가 복지제도에 대한 각 계층의 인식과 지지도에 영향을 끼쳤다고 본다. 국민의 안녕과 행복을 위해서는 이러한 변화를 수용하는 것이 합리적이라는 여론이 형성되었으며 그 결과, 제3섹터 조직들이 복지 생산 분야에서 입지를 굳히고 세력을 확장하는 추세가 강해지고 있다.

스웨덴은 다른 국가와 비교해 복지 발전의 지속을 저해하는 전반적인 위험 요인을 해결할 역량을 충분히 갖추고 있다. 중앙, 주, 지방의 정부 당국은 제도 변화와 예산 부족 속에서도 복지 발전을 꾀할 수 있는 역량을 여전히 보유하고 있는 것으로 보인다. 세계화의 여파와 내부 위협 요인에도 불구하고 복지 제도와 조직으로 구성된 복지혼합의 재편을 촉진할 재원도 마련되어 있다. 시스템의 변화가 복지의 질과 사회적 분화에 어떤 영향을 미칠지는 앞으로 두고 볼 일이다.

참고문헌

Andersen T. (2004) Challenges to the Scandinavian welfare model. *European Journal of Political Economy*, Vol. 20, 743-754.

Berger S. & Dore R. *National Diversity and Global Capitalism* Cornell University Press, Ithaca, New York and London.

Bielefeld W. (2000) Metropolitan Nonprofit Sectors: Findings From NCCS Data. In *Nonprofit and Voluntary Sector Quarterly*, vol. 29, no. 2 June, 297-314.

Blomqvist P & Rothstein B. (2000). *Välfärdstatens nya ansikte – Demokrati och marknadsreformer inom den offentliga sektorn* Agora, Stockholm.

Boyer R. (1996) The Convergence Hypothesis Revisited: Globalization but Still the Century of Nations? In Berger S. & Dore R. *National Diversity and Global Capitalism* Cornell University Press, Ithaca, New York and London.

Burke C. B. (2001) Nonprofit History's New Numbers (and the Need for More). *Nonprofit and Voluntary Quarterly*, vol 30, no. 2, June 174-203. Sage Publications.

Deacon A, (2002) *Perspectives on Welfare*. Open University Press.

Esping-Andersen G. (1990) *The three worlds of welfare capitalism* Polity Press, Cambridge

Evers A. & Laville J-L. (2004) Defining the third sector in Europe. In Evers A. & Laville J-L. (Eds.) *The Third Sector in Europe* Edward Elgar, Cheltenham, UK. Northampton, MA, USA.

Ferrera M. (2005) *The Boundaries of Welfare – European Integration and the New Spatial Politics of Social Protection* Oxford University Press, Oxford and New York.

Försäkringskassan (2012) *Socialförsäkringen i siffror 2012* Stockholm.

Garsten C & Jacobsson K. (2004) *Learning to be employable – New Agendas on work, responsibility and learning in a globalizing* world Palgrave Macmillan, Houndmills, Basingstoke, Hampshire and New York.

Hacker J. (2002) *The Divided Welfare State: The Battle over Public and Private Social Benefits in the United States* Cambridge University Press, New York.

Hall D. & Soskice D. (2001) Introduction. In Hall D. & Soskice D. (Eds.) *Varieties of Capitalism – The Institutional Foundations of Comparative Advantage* Oxford University Press, Oxford.

Hollingsworth J. R. & Streeck W. (1994) Countries and sectors: Concluding Remarks on Performance, Convergence, and Competitiveness. In Hollingsworth J. R, Schmitter P. C, Streeck W. (Eds.) *Governing Capitalist Economies: Performance and Control of Economic Sectors* Oxford University Press, New York and Oxford.

Hollingsworth J. R, Schmitter P. C, Streeck W. (1994) (Eds.) *Governing Capitalist Economies: Performance and Control of Economic Sectors* Oxford University Press, New York and Oxford.

Hollingsworth J. R. & Boyer R. (1997) *Contemporary Capitalism: The Embeddedness of Institutions* Cambridge University Press, Cambridge.

Johansson H. (2008) *Socialpolitiska klassiker* Liber, Malmö.

Kautto M, Fritzell J, Hvinden B, Kvist J, & Uusitalo, H (2001) *Nordic Welfare States – In the European Context* Routledge, London & New York.

Kenworthy L. (1997) "Globalization and Economic Convergence. In *Competition and Change*, 2, 1–64.

Kildal N. (2000) "Inledning: En ny väg för välfärdsstaten?" In Kildal (Ed.) *Den nya sociala frågan – Om arbete, inklomst och rättvisa* Daidalos, Göteborg.

Kildal N. & Kuhnle S. (2005) The Nordic welfare model and the idea of welfare universalism. In Kildal N. & Kuhnle S. (Eds.) *Normative Foundations of the Welfare State – The Nordic Experience*. Routledge, London & New York.

Kitschelt H, Lange P, Marks G & Stephens J.D. (1999) Convergence and Divergence in Advanced Capitalist Democracies. I Kitschelt H, Lange P, Marks G & Stephens J.D. (Eds.) *Continuity and Change in Contemporary Capitalism* Cambridge University Press, Cambridge.

Korpi W. (2004) "The Japanese Welfare System in an International Perspective in Maruo N, Björklund A & Le Grand C. *Welfare Policy and Labour markets – Transformations of the Japanese and Swedish Model for the 21st Century* Stockholm: Almqvist & Wiksell International

Kunhle S. (2000) The Nordic welfare state in a European context: dealing with new economic and ideological challenges in the 1990s. *European Review*, Vol. 8, No 3, 379–398.

Kurian N. (2005) The Swedish Welfare State and New Challenges. In Vivekanandan & Kurian N. *Welfare States and the Future*. Palgrave.

Marshall T. H. ([1950] 1992) *Citizenship and Social Class* Pluto Press, London

Mau S. (2004) Welfare Regimes and the Norms of Social Exchange *Current Sociology* January

Volume 52: (1), 53-74, SAGE Publications, London, Thousand Oaks and New Dehli.

Lorentzen H. (1998) Normative forståelser av sivile sammanslutninger. In *Socialvetenskaplig tidskrift* nr 2-3: 244-267.

Pestoff V. (2004) "The development and future of the social economy in Sweden" In Evers A. & Laville J-L. (Eds.) *The Third Sector in Europe* Edward Elgar, Cheltenham, UK. Northampton, MA, USA.

Rothstein B. (1998) *Just institutions matter - The moral and political logic of the universal welfare state* Cambridge university press, Cambridge.

Sahlins M. (1972) *Stone Age Economics* Hawthorne: Aldine-Atherton Inc.

Salamon L, M & Sokolowski W, and Associates (2004) *Global Civil Society: Dimensions of the Non-Profit Sector, Volume Two.* Kumarian Press.

Simmons B. A. (1999) "The Internationalization of Capital" In Kitschelt H, Lange P, Marks G & Stephens J.D. (Eds.) *Continuity and Change in Contemporary Capitalism* Cambridge University Press, Cambridge.

Stephens J. (2005) "Economic Internationalization and Domestic Compensation - Northwestern Europe in Comparative Perspective" In Glatzer M & Rueschmeyer D. *Globalization and the future of the welfare state.* University of Pittsburg Press.

Svallfors S. (1996) *Välfärdsstatens moraliska ekonomi* Boréa Bokförlag, Umeå.

Svallfors S. (2000) *Sidospår - essäer om klass & politik* Boréa Bokförlag, Umeå.

Svallfors S.(2002) "The Middle Class And Welfare State Retrenchment - Attitudes To Swedish Welfare Policies" *The End of the Welfare State* (Ed.) Svallfors S. & Taylor-Goodby P. Routledge, London, New York.

Svallfors S. (2004) *Klassamhällets kollektiva medvetande* Boréa Bokförlag, Umeå.

Svallfors S. (2007) (Ed.) *The Political Sociology of the Welfare State - Institutions, Social Cleavages, and Orientations.* Stanford University Press, Stanford, California.

Titmuss R. (1997/1970) *The Gift Relationship - From Human Blood to Social Policy* LSE Books, London.

Weiss L. (1998) *The Myth of the State* Polity Press, Cambridge.

Vij R. (2007) "Introduction" in Vij R (Ed.) *Globalization and Welfare - A critical reader.* Palgrave Macmillan, Houndmills, Basingstoke, New York.

Åmark K. (2005) *Hundra år av välfärdspolitik - Välfärdsstatens framväxt i Norge och Sverige.*

Borea, Umeå.
Weiss L. (1998) *The of the Powerless State* Polity Press, Cambridge.

현대 스웨덴 복지 정책과 제3섹터의 역할

양재진 (연세대학교 행정학과 교수)

1. 토론을 시작하며

    Glenn Sjöstrand 교수의 논문(이 책 p.117에 게재)은 1990년대 초 스웨덴 복지국가의 개혁과 이후 부단히 계속되는 변화의 양상을 정리한 논문이다. 우리나라에서는 지난 2012년 총선과 대선을 겪으면서 보편주의 복지국가에 대한 논의가 매우 활발한데, 이런 점에서 Sjöstrand 교수의 논의는 매우 시의적절하다. 특히 2008년 글로벌 경제위기 이후 재정적자의 누적으로 많은 유럽 복지국가가 어려움을 겪고 있어 복지국가의 지속 가능성에 의문을 제기하는 시점이기에, 더욱 더 우리에게 시사하는 바가 매우 크다. 스웨덴은 최근 글로벌 경제위기 상황에서도 2011년 재정흑자를 유지하고 총 누적 정부부채가 GDP 대비 37%에 불과한 대표적인 재정건전국이다. 스웨덴은 어떻게 보편주의적 복지국가

이면서 재정적 지속 가능성을 확보하였을까?

　Sjöstrand 교수가 통찰력 있게 지적하듯이, 스웨덴 복지국가의 지속성은 사회권에 입각했던 전통적인 복지모델(social-right based traditional welfare model)에서 벗어나, 합리화를 도모한 1990년대 이후의 노력에 기인하고 있다. 스웨덴 복지국가의 개혁 방향을 한마디로 단언하기는 어려우나, Sjöstrand 교수는 스웨덴이 미국과 같은 계약에 기반을 둔 조건부의 잔여적 복지국가(contract-based residual welfare model with strong conditionality)를 향해 나아가고 있다고 진단한다. 그리고 이러한 과정에서 비영리단체와 자선 등 소위 제3섹터의 역할이 점차 커지고 있음을 지적한다. 그렇다면, 이러한 변화는 어디에서부터 추동되었을까? Sjöstrand 교수는 외적으로는 세계화(globalization)와 유럽통합, 내적으로는 인구 고령화와 재정 문제에서 찾고 있다.

　필자는 Sjöstrand 교수의 통찰력 있는 진단과 미래 예측에 큰 틀에서 동의한다. 하지만 자칫 독자들이 이 논문을 읽고 스웨덴 복지국가의 지속성이 미국식 복지국가화 때문이라고 오해할 수 있을 것 같아 우려스럽기도 하다. 스웨덴 복지국가가 1990년대를 거치면서 과거와 많이 달라졌지만, 이는 공공복지와 국가 책임의 재구조화이지, 미국식 작은 정부와 복지의 시장화와는 성격이 다르기 때문이다. 또 스웨덴 모델의 자기개혁이 세계화와 고령화 요인만으로 설명될 수 있는지를 좀 더 심도 있게 논의할 필요도 있어 보인다. 그리고 본질적으로 스웨덴 복지국가가 지속 가능할 수 있는 것은 자본주의 시장경제의 생산력을 고도화하는 자유시장경제의 논리를 따르기 때문이며, 복지가 되도록 경제와 선순환 구조를 이룰 수 있게 설계되었기 때문이다. 단순히 스웨덴 복지국가의 지속 가능성을 복지총량을 줄이거나 민간의 역할을 증대해서 이루었다고 볼 수는 없다.

따라서 필자는 1990년대 초 스웨덴에서 왜 무슨 개혁이 어떻게 이루어졌는가를 다시 한 번 검토해 보고자 한다. 변화의 추동력은 무엇이었나? 그리고 과거 전통적인 복지국가 모델에서 멀리 벗어나고 있기는 하나, 이것이 미국화인가? 스웨덴 복지국가의 지속 가능성을 높이고 있는 경제정책과 사회정책의 선순환 구조는 무엇인가? 마지막으로 결론 부분에서 최근 글로벌 경제위기 국면에서도 경쟁력을 잃지 않고 있는 스웨덴 복지국가로부터 배울 점이 무엇인지도 덧붙이고자 한다.

2. 1990년대 스웨덴 모델의 재구축 배경

사실 현시대 서구 복지국가들은 2차 세계대전 이후 1970년대 중반까지 소위 '서구 자본주의의 황금기' 때와는 상당히 다르다. 고령화로 연금과 의료비 지출이 늘어 전체 사회지출은 줄어들고 있지 않지만, 수급조건을 엄격히 하고 급여 수준을 떨어뜨리며, 저소득자로 타깃팅을 강화하는 경향은 뚜렷하다. 세계화의 영향으로 조세경쟁은 치열해졌고, 더는 '증세와 복지확대(tax and spend)'라는 공식이 적용되기는 어렵게 되었다. 스웨덴도 예외는 아니어서 복지개혁을 단행하기에 이른다. 그리고 그 복지개혁의 강도는 유럽의 다른 어느 나라보다도 높아 Sjöstrand 교수가 지적하듯이 과거와의 단절이라 해도 과언이 아니었다. 그렇다면 이처럼 강도 높은 스웨덴 복지개혁의 배경은 무엇인가?

스웨덴도 2차 대전 이후 안정된 고도성장을 구가하였다. 1963년부터 1972년 시기 동안 연평균 경제성장률은 3.9%, 실업률은 1.9%로 안정되었다. 조세수입은 꾸준히 증가하는데 복지지출 수요는 크지 않아 GDP 대비 복지비의 비중은 12.3%에 불과했었다. 따라서 새로운 복지 프로그램이 계속해서 도입되었으며, 기존 프로그램의 대상자와 급여 수준이 인상되었다. 하지만 서구 자본주의가 스태그플레이션에 시달리며 장기간의 경제 불황에 시달렸던 1973~1982년의 기간에 스웨덴의 경제성장률은 연평균 1.8%로 떨어지고 인플레이션은 10%를 넘게 되었다. 사회서비스의 확대로 공공부문이 실업자를 흡수하였고 스웨덴 특유의 적극적 노동시장정책 덕분에 공식 실업률은 2.2%로 선방하였으나, 공공훈련 프로그램에 흡수된 실직자를 고려하면 실제 실업률은 상당한 수준이었다. 그 결과 1975년에 GDP 대비 복지비는 21%에 육박하였고, 사회보험료를 포함한 조세부담률은 50%를 웃돌아 스웨덴 복지국가의 지속 가능성이 의문시되기 시작하였다.[1] 그러나 1980년대 내내 스웨덴은 구조적 개혁은 뒤로 미루었고, 수차례에 걸친 자국통화(SEK)의 평가절하를 통해 수출경쟁력을 유지하며 버텨내었다.

급기야 1991년 거품경제의 붕괴와 함께 1991~1993년 GDP가 연평균 6%의 마이너스 성장을 하고, 1993년 실업률이 8.2%(남성은 9.7%)에 달하며, 한 해 재정적자가 GDP 대비 11.9%에 이르는 최악의 경제상황을 맞이하게 되었다.[2] 이 때문에 당시 스웨덴 모델은 종언을 고했다는 평가가 잇달았었다. 그러나 스웨덴 복지국가 모델의 붕괴 앞에서 스웨덴은 대대적인 개혁을 시작하였고 여·야는 스웨덴의 미래를 위해 초당

---

[1] 김태성.성경륭, 1993. 『복지국가론』. 서울: 나남. p.114.
[2] 유모토 켄지, 사토 요시히로 (박선영 역). 2011. 『스웨덴 패러독스』. 파주: 김영사. 3장.

적으로 협조했다. 이는 스웨덴이 최근 글로벌 경제위기 국면에서도 재정문제 없이 EU에서 가장 높은 성장세를 유지하는 이유다.

3. 스웨덴 복지국가의 개혁과 지속 가능성: 미국식 모델로 변화?

Sjöstrand 교수는 스웨덴 복지국가가 사회권에서 계약에 근거한 복지국가로 전환하면서 지속 가능성을 높이고 있다고 주장한다. 이는 복지감축 측면을 지적한 것으로 틀린 말은 아니다. 실업급여의 조건부 지급과 소득대체율 축소, 질병수당 및 육아휴직수당 등 소득비례 소득이전지출의 감축, 그리고 개인계정화를 통해 기여와 급부의 연계성을 획기적으로 강화한 연금개혁 등이 이에 해당한다. 하지만 두 가지 점에서 Sjöstrand 교수의 주장은 수정·보완되어야 한다.

1. 재정개혁

스웨덴 복지국가 모델은 단순히 미국이나 여타 서구의 복지국가들이 단행했던 복지감축 수준을 뛰어넘는 구조적인 개혁이 있었기 때문에 가능했다. 복지감축은 재정 건전성을 확보하기 위한 대대적인 제도개혁의 일부이거나 그 결과로 나타난 것일 뿐이다. 1990년대 초 경제위기 국면에서 스웨덴 정부는 GDP 대비 10%에 달하는 재정적자의 축소와 지속적인 재정 건전성 유지를 최우선 정책목표로 설정하였다. 이에는 여·야, 좌·우가 따로 없었다. 1991년 보수연립 정부에서 세계사적으로 전례가 없는 대규모 세제개혁이 단행되고, 1992년에는 에델개혁이라 불리는 대대적인 복지개혁이, 1993년에는 인플레이션 타깃팅 정책의 도입, 이후 1994년에 집권한 사민당 정부 아래에서 재정건전화법의 제정, 1996년 3년간의 다년도 예산제도 도입, 1999년 명목확정기여 방식(NDC)에 입각한 공적 연금의 구조개혁, 그리고 2000년에는 GDP의 1%를 목표로 하는 재정흑자목표제도가 도입되었다.[3] 위 개혁들을 관통하는 핵심 주제는 재정 건전성의 '구조적'인 확보로, 스웨덴 복지국가의 지속 가능성의 토대가 되었다.

이 중 Sjöstrand 교수가 다루지 않은 재정개혁에 대해 좀 더 자세히 살펴보자. 1991년 세제개혁은 세율을 인하하면서 세원을 넓히는 방식으로 진행되었다. 높은 세율로 인해 근로와 투자가 저해되는 요인을 없애고, 각종 공제제도를 폐지하여 조세의 형평성을 높이면서 총세입은 유지하는 것이 목표였다. 이에 따라 소득세는 최고한계세율이 73%였던 것이 51%로 내려가고, 법인세도 57%에서 30%로 인하되었다. 자본소득(금융소득, 사업소득 등)에 대해 30% 정률과세 하되, 근로소득과 분리과세하여 투자유인을 높였다. 반면 대출금리 세액공제 등 조세감면을 대폭 정리하고, 복지후생비에 대한 과세 강화, 부가가치세와 죄악세(유류세 주세 등 인상)의 도입과 세율 인상으로 세원을 확대하였다.[4]

국가의 재정운영 방식의 변화는 더 심대했다. 앞서 언급했듯이 1997년 재정긴축 프로그램인 복수연도예산제도와 2000년 재정흑자목표제를 도입하고 법제화하여 법적인 구속력을 더했다. 복수연도예산제도하에서 익년도에는 단년도가 아닌 4년 단위로 예산을 짜 정책의 지속 가능

---

[3] 유모토 켄지,사토 요시히로, 3장; 심재승,구철회, 2012. "경제와 사회보장의 관점에서 본 스웨덴모델의 특징과 시사점." 한국사회정책. 제19집 4호.
[4] 유모토 켄지,사토 요시히로, 3장.

성과 함께 중장기 전망에 입각하여 재정 건전성을 도모하려고 하였다. 재정흑자목표는 GDP 대비 1%로, 이를 통해 재정 건전성 유지에 대한 스웨덴의 강한 의지를 읽을 수 있다. 2011년까지 한 번도 어김없이 흑자재정을 유지하였으나, 경기불황 등으로 흑자를 달성하지 못하고 적자를 냈을 때는 향후 4년간 동일금액의 흑자로 적자를 충당하도록 법제화하였다.

조세개혁은 보수연정에서 단행되고 사민당이 지원하였으며, 재정운영 방식의 건전화는 사민당 정부에서 단행하고 보수당들이 이에 협조하는 등 좌·우가 따로 없는 초당적인 협조 속에서 재정개혁이 추진된 것도 주목해야 한다. 여·야 모두 단기적인 이해관계나 포퓰리즘에 휩쓸리지 않고 스웨덴 복지국가의 지속 가능성을 최우선 과제로 두고 뼈아픈 개혁을 추진했다.

2. 복지개혁

1990년대 복지개혁을 통해 스웨덴은 상병수당, 육아휴직수당, 실업수당 등 현금이전 복지급여의 수준을 약 90% 선에서 77.6%로 낮추고, 수급조건을 엄격히 하였다. 그리고 Sjöstrand 교수가 지적하듯 민영화나 바우처 제도의 도입 등으로 서비스 전달 시 경쟁을 유도하여 비용 하락과 서비스의 질을 높이려고 하였다. 그리고 사회권보다는 근로와 소득에 기반을 둔 복지급여, 즉 Sjöstrand 교수의 용어대로 "계약에 기반을 둔 복지국가"로 전환하였다. 기여와 급여의 연계를 강화한 1999년의 연금개혁이 그 대표적인 예다.

스웨덴은 전통적인 방식으로 노후소득보장체계를 쌓아온 국가였다. 1층에 보편주의에 입각한 사회수당식 기초연금을 두고, 2층에 우리나라 공무원연금이나 국민연금처럼 확정급여방식의 소득비례연금을 배치하였다. 그런데 고령화로 사회수당식 기초연금의 재정소요가 너무 커지고 향후 20~30년 안으로 소득비례연금의 기금고갈이 예상되자, 기초연금을 폐지하고 소득비례연금은 개인계정에 입각한 NDC(Notional Defined Contribution, 명목확정기여) 방식으로 전환하였다.[5]

NDC 방식하에서 가입자별 연금 급여액은 가입 기간에 납부한 기여액에 이자가 합쳐진 금액을 퇴직 시점에서의 기대여명으로 나누어 결정하게 되어 있다. 평균수명의 증가로 기대여명이 늘어나면 급여를 자동으로 삭감하게 되어 있어 정부(혹은 후세대)가 추가로 재정부담을 하지 않아도 된다. 평균수명의 증가에 따른 급여의 감소를 막으려면 어떻게 해야 할까? 해답은 근로를 더하는 데에 있다. 연금개시가능연령(즉, 61세) 이후에도 연금수급을 하지 않고 계속해서 근로자가 노동시장에서 소득을 발생시켜 기여를 하는 경우, 개인계정의 명목자산이 증가하게 되며, 연금수급 개시를 늦출수록 기대여명은 단축된다. 따라서 개인에게 지급될 연금급여액이 증가하게 되고 소득대체율 또한 상승하게 된다. 좀 더 안락한 노후를 보내려면 근로를 더 해 퇴직시점을 뒤로 미루어 연금자산을 축적하고 잔여여명은 줄여서 높은 급여를 받으라는 메시지를 국민에게 던지는 것이다. 중·고령자의 근로를 강하게 유인하는 구조임을 알 수 있다.

---

[5] 스웨덴 1999년 연금개혁과 제도 이해는 다음 문헌을 참조할 것. 양재진. 2011. "스웨덴 연금제도의 이해와 쟁점 분석" 사회과학논집 제42집 1호.

덧붙여 국가에서 보험료의 일부(총 18.5% 중 2.5%p)는 우리나라의 개인연금 같은 사적 연금에 집어넣게 되었다. 이는 위 공적 관리의 NDC와 동일한 효과가 있되, 원금에 대한 이자가 금융시장에서의 운영수익으로 결정되는 것만이 다르다. 결론적으로 1999년 연금개혁을 통해 개인계정이 도입돼 가입자가 낸 연금보험료와 이자만으로 연금액을 결정하게 되었다. 보험료를 오래 많이 낸 사람은 연금액도 올라가고 그렇지 않은 사람은 그만큼 떨어지게 하며 근로를 유인하고 연금지급시기를 뒤로 미루도록 해 놓은 것이다.

근로능력이 떨어지는 중·고령자의 근로연장을 뒷받침하기 위해 국가는 적극적 노동시장 정책을 활용해 전직훈련, 고용보조금 지원 등을 활용한다. 그럼에도 연금액이 기초보장선 이하로 떨어지면, 기초연금이 아닌 우리나라 국민기초생활보장제도와 유사한 기초보장연금(Guarantee Pension)을 통해 부족한 생계비를 지원받게 했다. 기초보장연금은 보험료가 아닌 일반재정에서 조달되며, 기초보장선에 있는 중·고령자들의 근로저해 효과를 완화하기 위해 연금액이 높아질수록 기초보장액이 올라가는 역슬라이드 제도를 채택하고 있다.

Sjöstrand 교수가 지적했듯이, 과거에는 시민들이 사회권에 기반을 두어 기초연금도 받고 공적 연금의 급여 수준도 꽤 높았는데, 이제는 마치 민간 금융회사와 계약한 것처럼 가입자의 연금자산만을 바탕으로 연금액을 결정하게 된 것이다. 그러나 이를 미국식 복지국가화로 해석하는 것은 잘못이다. 스웨덴이 확정기여 방식을 도입했다고 해도, 이것은 여전히 공적 연금으로서 미국식 사적 연금과는 근본적인 차이가 있기 때문이다. 미국과 스웨덴 모두 확정기여 방식이지만, 스웨덴은 사적 관리가 아닌 공적 관리로 장수의 위험(longevity risk)을 없애준다. 사망 때까지 연금이 지급되며, 연금액은 인플레이션과 경제성장에도 연동되기 때문이다. 위에서 언급했듯이 스웨덴은 사적 연금의 보험료마저 정부가 걷어서 시민들이 각자 지정한 자산운용회사에 넘겨준다. 그러나 이는 민간 연금회사를 위해서가 아니라, 개별 연금회사들이 보험료를 각자 징수할 때 발생하는 비효율을 최소화해 관리비를 낮추고자 함이다. 그만큼 수익률이 높아져 연금액이 올라가기 때문이다. 스웨덴은 전통적인 공적연금제도가 가진 재정불안 문제를 해결하면서도 시민들의 노후소득보장의 안정성을 지키기 위해 국가의 역할을 방기하지는 않고 있다. 이것이 최소정부를 지향하는 미국식 복지국가와는 근본적으로 다른 점이다.

3. 시장원리에 충실한 경제정책과 복지의 선순환 구조 형성

스웨덴 복지국가의 특징은 고용을 우선시하고 복지를 여기에 종속시킨다는 데 있다. 고용 혹은 근로인센티브를 훼손하는 복지는 경계한다. 사회권을 넓게 해석하는 것으로, 복지와 함께 교육과 노동을 권리 차원에서 해석하고 뒷받침하고자 한다. Esping-Andersen이 스웨덴 복지국가를 탈상품화(decommodification) 수준이 높은 나라라고 분류하였으나, 스웨덴은 복지 때문에 자신의 노동력을 상품화하지 않는 경우보다는, 오히려 실업에 빠져도 자신의 노동력을 재상품화(recommodification)할 가능성이 가장 큰 나라다. 덴마크와 함께 OECD 국가 중에서 가장 높은 고용률을 자랑하는 것이 이를 증명한다. 즉, 복지를 통해 일하지 않아도 먹고 살 수 있게 만들어진 나라가 아니라, 복지 때문에 일할 수 있는 능력을 갖추고 변화하는 노동시장에서 자신의 '노동력을 팔아, 먹고 살 수 있게' 만든 나라이다. 스웨덴의 큰 복지국가 (the big welfare state)의 지속 가능성은 고용을 매개로 복지와 선순환 구조를 그리고 있는 것에 기인하는 것이다(아래 고용률 추이 국제비교 그림 참조).

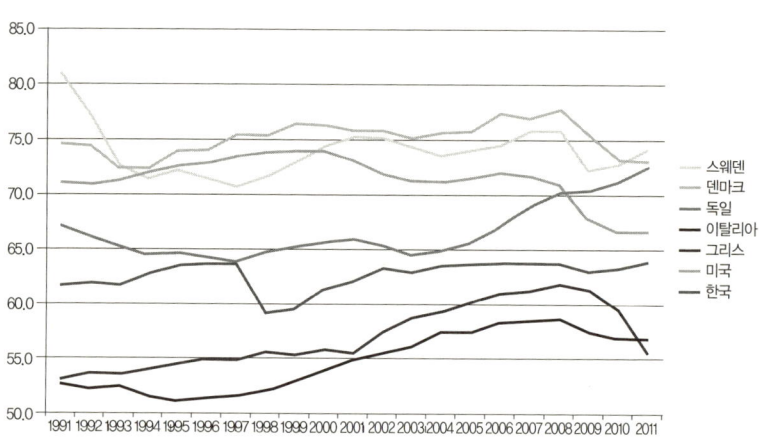

〈그림 1〉 고용률 추이 국제비교 (1991~2011)

자료: OECD. STAT Database.

고용을 중심으로 복지와 선순환 구조를 만드는 시도는 1950년대 렌-마이드너 모델까지 거슬러 올라갈 수 있다. 렌-마이드너 모델을 통해 스웨덴은 연대임금제와 완전고용, 산업구조조정을 동시에 추구하였다. 동일가치노동-동일임금의 강제는 지급능력이 떨어지는 중소기업이나 사양산업의 기업에는 혁신을 통해 생산성을 높이든가 아니면 조기 퇴출을 선택하게 하였으며, 퇴출 과정에서 발생하는 실업자들은 적극적 노동시장 정책을 통해 성장산업과 대기업 쪽으로 이동시켰다. 실업자에게 실업급여를 지급하여 생계보장을 하던 방식에서 벗어나, 이들이 다시 성장하는 노동시장에서 재고용될 수 있게 사회보장제도를 설계하였던 것이다. 1960년대로부터 확장된 공보육도 고용을 중심에 놓고 설계되었다.

보편주의 복지국가이지만, 전업주부의 자녀에게는 공보육의 혜택을 부여하지 않는다.[6] 국가의 질 높은 공보육 혜택은 맞벌이 부부의 자녀에게만 집중되었다. 그리고 부모보험을 통해 육아휴직을 사회화하고 그 혜택도 당연히 직장을 가진 여성이(혹은 그 배우자가) 받도록 하였다. 일하고 아이를 낳는 여성에게는 최대한의 혜택이 있고, 그렇지 않은 여성은 일종의 독신세나 외벌이세를 내야 하는 구조다. 전술한 공적 연금도 100% 순수소득비례연금으로, 일을 오래 하고 임금을 많이 받는 고숙련 근로자에게 유리하게 설계되어 있다. 그 대신 국가는 직업세계와 긴밀히 연계된 직업교육 중심의 대학교육을 무상으로 제공하고 이를 적극적 노동시장 정책과 연계하여 평생교육 차원에서 노동자들이 부단히 자신의 '몸값'을 높일 수 있게 교육과 훈련의 기회를 제공한다. 이 밖에 실업수당, 육아휴직수당, 질병수당 등 모든 사회보험의 공적 소득이전은 전부 소득비례형이다. 재분배가 우선시되지 않는다. 열심히 일하고 높은 임금을 받는 사람은 그만큼 복지를 통해 혜택을 보도록 설계되어 사회복지가 근로를 저해하기보다는 유인하는 구조인 것이다.

---

[6] 출산율을 높이고자 2007년부터 전업주부의 자녀에게도 공보육의 혜택을 부여하나, 주당 14시간만 이용할 수 있다.

<표 1> 세계경제포럼(WEF)의 국가경쟁력 순위

국가명	2009 순위	2010 순위	국가명	2009 순위	2010 순위
스위스	1	1	사우디아라비아	28	21
스웨덴	4	2	한국	19	22
싱가포르	3	3	뉴질랜드	20	23
미국	2	4	이스라엘	27	24
독일	7	5	아랍에미리트	23	25
일본	8	6	말레이시아	24	26
핀란드	6	7	중국	29	27
네덜란드	10	8	브루나이	32	28
덴마크	5	9	아일랜드	25	29
캐나다	9	10	칠레	30	30
홍콩	11	11	아이슬란드	26	31
영국	13	12	튀니지	40	32
대만	12	13	에스토니아	35	33
노르웨이	14	14	오만	41	34
프랑스	16	15	쿠웨이트	39	35
호주	15	16	체코	31	36
카타르	22	17	바레인	38	37
오스트리아	17	18	태국	36	38
벨기에	18	19	폴란드	46	39
룩셈부르크	21	20	키프로스	34	40

자료: "세계경제포럼(WEF)의 세계경쟁력보고서 2010~2011 분석"
(http://m.kistep.re.kr/global/filelink.jsp)

그리고 좀 더 근본적으로 스웨덴 정부는 시장원리에서 벗어난 정책을 펼치지 않는다. 시장력을 최대한 활용해 부를 창출하고자 하기 때문이다. 스웨덴에서 기업이 부담해야 하는 사회보험료는 인건비의 31%에 달해 비교적 높은 편이다. 하지만 법인세는 OECD 평균보다 낮고,

공공복지가 발달해 기업이 부담해야 하는 퇴직금이나 기업복지 비용은 따로 발생하지 않아 기업의 인건비 부담은 생각보다 높지 않다. 노동시장의 유연성도 높다. 경영상의 이유로 해고하는 것에 정부나 사법부가 개입하지 않으며, 잘 짜인 사회보장제도 덕분에 노동자들의 저항도 크지 않은 편이다. 스웨덴 제조업의 상징인 볼보 자동차가 도산하여 중국의 지리차에 인수되는 과정도 한국의 쌍용차와 대비된다. 볼보에 공적자금을 투입해 살려내라고 노동조합이 앞장서지도 않지만, 정부도 이에 대해서는 단호하게 시장원리를 지킨다. 2005년에는 가업을 승계하는 중소기업을 위해 아예 상속세를 폐지하기도 하였다. 이러한 이유로 스웨덴은 국제경영개발연구원(IMD)이나 세계경제포럼(WEF)이 선정하는 국가경쟁력 순위에서 늘 상위에 속한다(표 1 참조). 여기에서 스웨덴 복지국가의 지속 가능성은 시장의 원리에 충실한 경제관리를 기반으로 한 끊임없는 혁신과 성장에서 비롯되며, 혁신과 구조조정 과정에서 불가피하게 발생하는 실업 노동자들이 다시 근로현장에 복귀할 수 있도록 탄탄한 공교육, 공공훈련, 소득보장, 고용서비스 등으로 뒷받침되고 있음을 알 수 있다.

4. 토론을 마무리하며

스웨덴은 멀리는 1950년대부터 가까이는 1990년대 초 경제위기 상황에서 일련의 구조적 개혁을 통해 스웨덴 복지국가의 지속 가능성을 확보하였다. Sjöstrand 교수가 지적하듯이, 사회권 보장과 더불어 시민의 의무(즉, 근로와 기여의 의무)가 강화되었고, 국가와 함께 민간시장과 제3섹터의 역할도 증대하고 있다. 그러나 스웨덴 복지국가의 지속성은 이러한 노력과 함께 시장경제원리에 충실한 경제관리, 낮은 세율과 넓은 세원을 목표로 하는 부단한 조세개혁과 흑자재정을 법으로 강제하는 강력한 재정규율이 있었기에 가능하였다는 점을 결코 잊어서는 안 된다.

그리고 스웨덴의 사회보장시스템 자체가 근로를 유인하고 이를 지원하는 체계를 갖추고 있다는 점도 결코 간과해서는 안 된다. 직장여성의 일·가정 양립을 목표로 마련된 공보육 등 질 높은 육아지원 시스템, 청년은 물론 고령자와 장애인의 취업 가능성을 높이기 위해 설계된 적극적 노동시장 정책, 직업세계와 직접 연계된 고등교육기관과 그 교육의 무상화에서 복지제도가 단순히 복지에 머물지 않고 고용증대로 이어지게 만들어져 있다. 그래서 스웨덴은 최고의 복지국가이지만 OECD 국가 중 고용률이 가장 높은 국가이기도 한 것이다. 스웨덴이 우리에게 시사하는 바는, 복지국가 건설과 함께 강도 높은 재정규율이 필요하며 고용과 복지의 선순환 구조를 갖추어야 한국 복지국가의 지속 가능성이 담보될 수 있다는 것이다.

한편, 복지개혁 과정에서 국가가 시민의 복지와 공공성을 담보해야 하는 책임을 회피해서는 안 된다는 점도 스웨덴은 일깨우고 있다. 외견상 민영화나 사적 연금의 도입과 비슷해 보이는 스웨덴의 1999년 연금개혁이 좋은 사례다. 이 개혁을 통해 스웨덴은 연금제도의 장기적 지속 가능성을 획기적으로 높였지만, 결코 노후소득보장의 국가책임을 버린 것은 아니었다. 소득비례연금이지만 사적 연금과는 달리 장수위험에 대한 보험기능에 충실하게 만들었다. 누가 먼저 죽을지 모르는 상황에서 국가는 공적연금제도를 통해 단명자가 남기고 간 연금자산을 장수자에게 이전하게 하는 사회계약을 시민 사이에 맺게 하고(즉, 공적 연금에 강제 가입시키고) 평생 연금 지급을 보장하고 있으며, 저소득 노인의 빈곤문제 해결을 위해 기초보장연금을 신설했다. Sjöstrand 교수가 지적하듯이, 개혁 이후에도 스웨덴 복지국가에 대한 정치적 지지가 탄탄한 이유는 국가가 자신의 책임과 역할을 버리지 않았기 때문이다.

최근 우리나라에서 스웨덴이 많이 거론되고 있다. 여·야가 앞다투어 복지국가를 건설하고자 하기에 그 대표 모델로서 스웨덴이 많이 언급되기 때문이다. 그러나 우리에게 그려지는 스웨덴 복지국가의 모습은 1990년대 이전의 스웨덴인 경우가 많다. 이런 점에서 1990년대 이후 스웨덴 복지국가의 변화된 모습을 그려내고 있는 Sjöstrand 교수의 글은 가치가 매우 높다. 1990년대 초 스웨덴은 스웨덴 복지국가의 위기 속에서 상호 모순된 것처럼 보이는 정책목표들을 추구하였다. 복지와 고용의 결합, 복지지출과 재정규율의 조화가 그것이다. 그러나 고용 없이 복지 재정이 확보될 수 없고, 재정이 건전해야 복지지출도 지속될 수 있음을 상기한다면, 우리가 따라가야 할 스웨덴은 1990년대 이후 스웨덴 복지국가이어야 한다. 우리나라가 당대의 복지국가가 아닌 지속 가능한 복지국가의 건설을 목표로 하는 한, 스웨덴이 1990년대에 걸어갔던 그 길을 따라가야 할 것임을 Sjöstrand 교수의 논문은 시사하는 것이다.

---

* 이 글은 이 책에 게재된 Glenn Sjöstrand 교수의 논문(p.117)에 대한 토론문으로, 별도의 참고문헌은 첨부하지 않음.

| 3부 |

스웨덴 복지정책과 교육

스웨덴의 고등교육 확대 정책과 전문인력의 재구성

교육이 복지의 기초

군나르 올로프손 (Gunnar Olofsson, 스웨덴 린네대학교 석좌교수)[1]

1. 스웨덴의 대학과 고등교육 체계-간략한 역사적 배경[2]

스웨덴의 고등교육은 그 역사가 길다.[3] 1477년 스웨덴 중부 웁살라에 설립된 스웨덴 최초의 대학의 초기 주요 임무는 교회 성직자 양성이었다. 17세기에는 타국과의 협정 시 스웨덴을 대표할 정부 관료에 대한 수요의 증가로 고등교육이 확대되었으며, 1668년에는 스웨덴 제국에 새로 편입된 덴마크 지방을 통합하려는 목적으로 스웨덴 최남단 룬드에 두 번째 대학이 설립되었다.

---

[1] 스웨덴 린네대학교 사회학과 교수. 전문직연구포럼 소속.
[2] 아산정책연구원 주최로 2012년 8월 30일~31일 서울에서 개최된 아산 컨퍼런스 '스웨덴 복지 모델의 이해'에서 처음 발표된 논문.
[3] 이 내용은 2012년 Agevall과 Olofsson가 공동 집필한 논문을 기초로 한 것이다.

19세기에는 직업교육 과정(vocational programs)이 학문적 수준의 직업훈련 제도로 진화하였고, 공학과 의학도 그중 일부였다. 스톡홀름의 카롤린스카(의과)대학과 왕립공과대학도 이러한 배경에서 설립되었는데, 이는 1810년부터 1947년에 걸친 고등교육의 제도적 확대 양상의 전초였다. 이 시기에 신규 설립된 종합대학(full universities)은 없었지만 다양한 분야의 특수대학(specialized schools)은 상당수 증가했다. 여기에는 공학, 경제학, 약학, 치의학, 수의학, 의학, 사회복지학, 간호학, 삼림학, 농업 및 체조 대학이 포함된다. 이와 더불어 스톡홀름 호그스콜라(1877)와 예테보리호그스콜라(1891)가 국가 지원을 받는 사립대학 부속단과대학(university colleges)으로서 설립되었으며, 각각 1954년과 1960년에 종합대학이 되었다. 초창기 예테보리호그스콜라는 인문학, 스톡홀름 호그스콜라는 자연과학만 가르쳤으므로 교육은 종합적이라기보다는 '부분적(partial)'이었다.

19세기 후반과 20세기 초반에는 직업교육 및 전문직 과정과 기타 특수대학(specialized institutions)이 성장했다. 이러한 교육기관들의 등장은 고등교육의 구조를 바꿔 놓았다. 고등교육은 제도적 확대를 통해, 오랜 역사를 지닌 주요 대학 및 이들과 성격이 각기 다른 교육기관들의 집합체가 되었다. 이는 시간이 흐르면서 유서 깊은 대학들의 점진적인 변화를 이끌어냈으며, 특히 직업교육 성향의 학교를 비롯한 다른 종류의 교육기관들도 고등교육 분야에 포함되도록 물꼬를 텄다.

이렇듯 확대된 고등교육 분야에서 19세기부터 지금까지 중요한 일단의 교육기관들과 신생 신학대학(사범대학), 간호학교를 비롯하여 20세기 초에 설립된 사회복지사 양성 학교들이 발달하게 되었다. 원래 이들은 모두 대학교육의 공식적인 테두리 바깥에 있었고, 주요 신생 준전문직 (semi-professions)인 교사, 간호사, 사회복지사의 교육과 소속감 형성을 담당했다. 이들은 1930년대 후반부터 복지국가 스웨덴을 위한 핵심 전문직으로서, 1960년대에는 그 인력과 비용이 비약적으로 증가했다.

1940년대부터 여러 고등교육 기관에서 상당한 규모로 연구가 확대되었다. 신규 연구 위원회가 발달하고 특수 연구부서가 설립되었다.

2차 대전 이후 고등교육의 확대는 새로운 국면에 접어들었다. 이 시기 대학 변화의 규모는 고용 수치만 봐도 짐작할 수 있다. 1870년에서 1947년까지 스웨덴 대학의 정교수와 비상근 교수의 수는 107명에서 140명으로 증가했지만, 60년 뒤인 2009년에는 교수 5,114명, 부교수 (lektorer) 7,510명, 비상근 교수(adjunkter)가 6,875명에 달했다.

마틴트로우(Martin Trow)는 스웨덴이 전형적인 예시를 보여주는 이러한 국제적 경향을 살펴보면서 위와 같은 수치에는 근본적으로 다른 두 가지 과정이 내재한다고 분석했다. 첫번째 과정은 '명문대학의 확대'로, (다소 변형되었지만) 전통적인 형태의 대학에서 전통적인 대학 기능이 강화된 것이다. 이에 따라 예테보리호그스콜라와 스톡홀름 호그스콜라가 각각 1954년과 1960년에 종합대학으로 바뀌었고, 1964년에는 우메오대학이 그 뒤를 따랐다. 1970년 설립된 린셰핑 대학부속 단과대학은 1975년에 종합대학이 되었다. 두번째 과정은 명문대학 체계가 훨씬 큰 비중을 차지하는 대학을 위하여 매우 다양하고 (적어도 대학들로서는) 새로운 기능을 수행하는 대중 고등교육 체계로 변모하는 것이다.(Trow 2010)

1. 1977년의 선구적 대학 개혁

1977년 스웨덴의 이원적 고등교육체계는 엄격하게 학문적이면서도 직업교육적이며 장기 및 단기의 전문직 과정(professional programs)으로 이루어진, 형식적으로 일원화된 체계로 변모했다. 20세기 후반부터 21세기 초반까지 고등교육은 상당 규모로 확대되었고 스웨덴 전역에서 새로운 교육기관들이 설립되었으며, 관리와 재원 체계 등에서 여러 차례의 개혁이 있었다.

1977년 이후 다수의 대학부속 단과대학이 신규 설립되었으며, 그 중 네 곳이 종합대학이 되었다. 1970년 이후의 후발주자 대학들은 대체로 유명 대학의 지방 분교로, 대학부속 단과대학으로 탄생했다가 훗날 종합대학의 지위를 획득했다.[4] 하지만 이러한 증가에는 고려해야 할 또 다른 원인이 있는데, 그것은 스웨덴 고등교육의 제도적 확대라는 제3의 물결과 직·간접적으로 관련이 있다. 이미 언급했듯이, 예테보리호그스콜라와 스톡홀름 호그스콜라는 2차 대전 이후 종합대학이 되었다. 과거의 공학 및 경제학 교육기관들도 대학 체계에 편입되었다. 그러나 사실 19세기 후반의 모든 교육기관은 오늘날 스웨덴의 대학 체계에 포함되어 있다. 따라서 스웨덴에서 학생과 교수의 증가는 부분적으로 이러한 제도적 확대 과정에서 생겨난 교육기관들과 직접적인 관련이 있다.

다양한 교육기관이 전후 시기 전반에 걸쳐 점진적으로 전통적인 대학에 포함되었다. 사회복지사 양성기관은 1960년대부터 대학에 포함되었다. 적어도 1977년까지 이러한 현상은 1950년대 말부터 시작된

---

[4] 스웨덴의 대학 수 증가는 유럽지역의 전반적인 상황과 유사하다. 1945년 유럽에서 등록된 대학은 201개였지만 50년 뒤에는 그것의 네 배로 증가했다.

'사범대학의 등장'과 같은 신종 교육기관의 제도적 확대와 동시에 발생한다. 과거의 신학교는 처음에는 대학에 가까운 별도의 단과대학으로 변했다가 훗날 대학 체계에 완전히, 정식으로 포함되었고, 대학과 훗날(1977년 이후)의 신생 대학부속 단과대학에 포함되기도 했다.

레저타임 지도교사, 의생명과학자, 작업치료사, 보육교사 등을 양성하던 기관들에도 유사한 패턴이 적용된다. 이들 교육기관은 특수대학으로 출발하여 1977년 대학 개혁과 함께 잇달아 대학 체계에 포함되었다.

2. 오늘날 스웨덴 고등교육 체계의 구조

제도적 확대의 마지막 단계는 형식적으로는 통합되어 있지만 구조적, 위계적으로는 분화된 현재의 체계를 낳은 양적인 도약이다. 이는 전통적 대학의 전통적 학과 수의 증가 때문이 아니다. 스티븐브린트(Steven Brint)가 미국의 사례를 참조하여 보여준 것처럼, 전통적 대학의 학과들은 지난 35년 동안 상대적인 비중뿐 아니라 절대적인 학생 수도 줄어들었다. 이는 다른 교육기관과 과정이 크게 성장한 것과는 매우 대조되는 것으로, 스웨덴의 상황과 관련하여 특별한 중요성을 지닌다.

지난 30년간 미국의 고등교육에서 매우 중요한 변화 중 하나는 학부교육의 핵심인 전통적인 문리과가 점진적으로 축소되고 직업교육과 전문직 과정이 확대되는 것이다. 이에 따라 최근 몇 년간 미국에서는 직업교육 분야가 학사 학위의 60% 정도를 차지하게 되었고(1960년대에는 45%), 현재 수백 개의 교육기관에서 학위의 80% 이상을 이 분야에서 수여하고 있다.(Brint et al., 2005: 151)

애초에 대학의 확대는 전통적인 과정에 등록하는 신규 학생들에서 비롯된 것이 아니라 '이미 많은 학생이 입학하던 학교들이 대학 체계로 이동한 것이다.' 이에 대한 극적인 예는 1977년의 대학 개혁에서 찾아 볼 수 있는데, 다양한 직업교육 과정이 대학 체계에 공식적으로 포함되면서 학생 수가 약 50% 증가한 것이 그것이다. 그리고 이 과정에서 보이는 성별 특징은 갑자기 여학생이 수적 우위를 차지했다는 사실에 반영되어 있다.

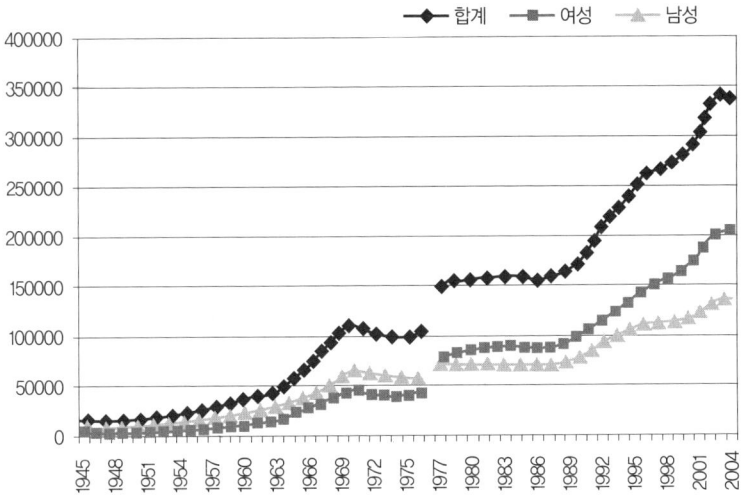

〈그림 1〉 1977년 대학 개혁의 극적인 효과

전후에도 이와 유사한 과정이 계속 진행되었다. 고등교육의 다각화와 함께 탄생한 특수대학들은 각기 다른 시기에 모두 대학 체계에 통합되었다. 이 연속적인 제도적 확대와 축소의 패턴은 다수의 직업교육 과정이 대학 체계로 통합되는 등 여러 원인으로 학생과 교수진의 구성을 바꿔놓았다.

또한, 직업교육 과정은 대학 체계에 포함되면서 더 학문적인 과정으로의 변화라는 체계적인 압력을 받게 되었다. 그 결과 직업교육 과정 강사들의 학문적 역량이 향상되고, 해당 과정이 학사, 석사, 박사 학생들을 수용할 수 있는 학과로 조정되었으며, 대학 교육과 직업 사이에 새로운 관계가 정립되었다. 교육은 학생들에게 미래 직업에 필수적인 기술과 지식을 전수하여 근로 생활을 준비하게 하는 것이기 때문이다. 또한, 직업교육교수 및 교수법이 대학 체계의 직업 유형과 위계, 학과 진로지도에 차용된다.

3. 확대되는 대학 체계의 신·구 전문가 집단

과거 '전문직(professions)' 범주는 간단하지만 핵심적인 사회이론 개념이었다(Parsons 1939, 1954, 1968). 이 개념은 제한된 수의 일류 직업에서 보이는 몇몇 공통적인 특징을 가리킨다. 즉, 전문직 종사자들은 대학에서 교육을 받고 과학적 이론을 실제 사회에 적용하는 데 핵심적인 역할을 했으며, 구체적 조직체와 윤리강령을 보유하는 특성이 있었다. 탁월한 전문가 집단인 의사를 그 대표적인 예로 들 수 있는데, 이처럼 파슨스의 이론에서 전문직은 현대 사회의 핵심적 가치체계를 보유한 자들이었다.

오늘날 많은 직업은 그 종사자들과 학자들[5]에 의해 '전문직'으로 간주

---

[5] 1960년대부터 다수의 중요한 연구가 발표되었다. 우리의 목적에 크게 기여한 연구에는 Wilensky(1964), Etzioni(1969), Perkin(1969, 1990), Freidson(2001, 1994), Abbott(1988, 1991, 2005), Collins(1979) Burrage and Torstendahl(1990, 1991)이 있다.

된다. 전문직 후보의 수가 증가하는 것은 대학 수준의 직업교육 과정에 등록하는 인원이 증가하기 때문이다(Wilensky 1964, Olofsson 2008). 중요한 것은 대학 체계의 확대가 대학에서 양성된 다양한 전문 직업 집단의 증가로 이어진 과정을 이해하는 일이다.

이 복잡한 정의적 영역에서 빠져나올 한 가지 방법은 '전문직 지형(professional landscape)'(Brante&Olofsson) 개념을 이용하는 것이다. 이는 개념적 분류 체계로, 전문가들의 업무 수행 분야 및 영역과 세 가지 물결(또는 세대)의 '전문직'으로 구분된 직업들과 결합하고 있다.

그 가로축은 주요 사회 영역들로 이루어져 있으며, 이론적인 고려와 경험적 세분을 혼합하여 9개 분야를 이용한다. 9개 분야에는 기술, 경제, 사회 통제, 사회적 재생산, 교육(지식 전달), 미학, 커뮤니케이션, 학계와 더불어 다른 모든 분야에서 중요한 대학 및 과학/연구 분야가 있다. 여기에서 새로운 지식이 창출되고 전 분야의 전문가가 양성되기 때문이다.

세로축은 우리가 어느 정도 '전문적'이라고 분류하여 '전문직'으로 개념화해야 할 직업들의 세 가지 주요 범주를 포함하고 있다.

첫번째 범주는 의사, 변호사, 토목기사 등의 고전적 전문직(classical professions)이며, 두 번째 범주는 1960년대에(Etzioni 1969) 준전문직(semi-professions)으로 정의되었던 교사, 간호사, 사회복지사 등의 직업을 포함한다. 세번째 범주는 현재 급속도로 확대 중인 대학 및 대학부속 단과대학에서 기본 학위에 직업교육적 측면을 결합한 과정을 통해 양성되는 직업들을 포함한다. 이 '형성 중인 전문직' 그룹은 예비 전문직(pre-professions)으로 정의할 수 있다.

이 체계는 전문직을 현대 사회의 특수한 문제(다리를 건설하고, 아이들에게 읽는 법을 가르치고, 주식시장을 분석하거나 빈곤층과 극빈층이 사람다운 생활을 영위하도록 돕는 일 등) 해결을 위한 특수한 지식과 전문기술의 보유자로 이해한다.

세로축에서 주목할 것은 다양한 직업집단이 기초로 이용하는 지식의 유형과 정도는 물론 그 직업집단의 사회적, 기술적 분업(division of labour)에서의 위치에도 초점을 맞춤으로써 모든 전문 분야의 계층화를 보여주고 있다는 점이다.

특정 직업 집단의 상대적 지위와 위치는 불변하는 것이 아니다. 직업과 전문직은 시간의 경과에 따라 각기 다른 행보를 보이며, 국가적 배경에 따라서도 다양한 지위를 차지한다. 일례로, 군인의 사회적 지위와 역할은 소속 국가 및 관련 국가체계에서 해당국이 차지하는 지위에 따라 분명히 다른 양상을 보인다.[6]

1. 각기 다른 세 개의 교육적 행보

고전적 전문직은 전통적으로 '고전적 대학(classical universities)'에서 양성되었다. 스웨덴에서 법학(변호사), 의학(의사), 신학(사제)의 세 가지 '고등 학부(higher faculties)'는 해당 분야의 핵심 전문가 집단을 양성했으며, 철학 학부는 궁극적으로 교수와 기타 대학 강사 및 연구자로 이뤄진 '핵심 전문직(key professions)'(Perkin 1969)을 탄생시켰다.

대학 외부에서 등장한 준전문직에 포함된 대다수 직업의 종사자는

---

[6] 군인과 장교단의 역할과 지위는 그리스나 터키와 스웨덴에서 매우 다르며, 미국과 유럽의 소국 간, 그리고 국경 분쟁이 있는 나라와 없는 나라 간에서도 크게 다를 것이다.

사범대학, 사회복지대학, 간호대학 등 특수대학과 특수교육기관에서 양성되었다. 이들 기관은 지난 수십년 동안 점차 제도적으로 일원화된 스웨덴 대학체계에 포함되었다.

전문직 지위를 얻는 데 목적을 둔 제3세대 직업들을 가리키는 예비 전문직은 대학부속 단과대학과 신생 대학, 전통적 대학들의 확대에 따른 대중고등교육(mass tertiary education)의 급속한 성장의 결과로 탄생했다.

고등교육의 구성은 국가별로 현저하게 다르지만, 서유럽 국가를 포함한 대부분 유럽 국가에서 준전문직 범주의 직업 교육은 일반적으로 대학의 외부(특수대학, 사범대학, 독일의 응용과학대학(Fachhochschulen) 및 그보다 앞선 영국의 폴리테크닉 등)에서 수행된다.

그러나 미국에서는 이러한 제도적 분화가 약간 다른 양상을 띤다. 예를 들어 캘리포니아 주의 고등교육은 종합대학과 주립대학, 그리고 이들보다 훨씬 더 많은 수의 전문대학(community colleges)이라는 세 개의 독립적인 체계로 구성된다. 물론 이 세 가지 부문은 교육과정과 과목 등에서 겹치는 부분도 있지만, 원칙적으로 고전적 전문직은 전통적 대학(의과대학원, 법과대학원 등)에서 양성하고, 준전문직은 보통 주립대학교에서 양성한다. 예비 전문직은 주로 주립대학 수준에서 양성하지만, 초기에는 전문대학의 2년제 과정(경찰학교 등)에서 양성하였다.

스웨덴의 고등교육 구조는 특히 제도적 관점에서 다르다. 오늘날의 스웨덴 체계는 형식적으로 통합된 구조로 이루어져 있어서 거의 모든 대학과 대학부속 단과대학은 동일한 국가 당국의 관리를 받는다.[7] 이는 모든 형태의 고등교육이 공통된 제도적 틀로 통합되는 오랜 역사적 과

---

[7] 소수의 기관은 공식적으로 독립된 재단들이 관리하고 운영한다.

정의 결과다.(그림 2 참조)

〈그림 2〉 스웨덴 대학 체계의 전문직 교육 분포

대학 유형 전문직 분류	전통적 대학	신생 대학	최근의 대학부속 단과대학
고전적 전문직	거의 모두	소수[8]	없음
준전문직	일부	다수	다소
예비 전문직	극소수	일부	다수

이러한 전문직 교육의 구조는 다른 국가들에서도 유사하나, 여러 종류의 고등교육 기관 간의 제도적 구분 양상은 서로 다르다.

2. 양극 구성: 고전적 전문직 대 준전문직

고등교육 진입 증가의 첫 번째 물결이 일던 1960년대 초반과 이후 몇 년 동안 스웨덴에는 사실상 두 개의 개별적인 고등교육 체계가 존재했다.

첫 번째는 고전적 전문직을 양성하는 기존의 주요대학(웁살라, 룬드, 스톡홀름, 예테보리)과 두 개의 공과대학(스톡홀름과 예테보리[8])이었다. 이 밖에 농업경제학(웁살라), 삼림학(스톡홀름), 수의과학(웁살라), 약학(웁살라)을 비롯하여 치의학(스톡홀름, 말뫼) 핵심 전문가 집단을 양성하는 농업과 자연과학 기반의 학교들이 있었다.

대학과 모든 특수대학은 소수의 지역에 있는 김나지움(고등학교)에서 학생들을 모집했고, 이 때문에 학생 모집에는 제한이 있었다. 당시 김나지움은 사회적으로 구별된 특수학교였으며 대부분의 김나지움 학생

---

8 즉, 모든 종류의 토목 기사를 비롯해 건축가와 측량사를 양성했던 스톡홀름의 왕립공과대학과 예테보리의 샬머스 공과대학을 말한다.

들은 중간과 상류 계급 출신이었다. 이들은 사회 진출 후 스웨덴 통계청과 스웨덴 사회과학자들이 이용하는 스웨덴의 사회 및 직업 분류 체계의 사회적 범주 1(socialgrupp 1)에 속하는 상위 전문직 계층이 되었다.

이 무렵, 사회과학과 자연과학의 특정 과목들을 조합하고 체계적인 과정들로 묶어 특정 직업을 준비하는 과정도 생겨났다. 심리학 전문가 양성 과정도 이때 등장했다. 심리학을 기초로 하여 1년간의 교육학과 사회학 교육을 포함하는 과정이었다. 따라서 심리학자는 대학 체계 내부에서 탄생하여 거의 고전적 전문직이 된 마지막 범주로 볼 수 있다.

한편, 이 시기에 다수의 사회과학 학생이 행정직(공무원 시험) 준비과정에 등록하였는데 이 과정은 법학 및 통계학의 일부와 경제학과 정치과학을 상당 부분 결합한 것으로, 선택과목은 사회학이나 역사학, 지리학이었다. 이러한 직업교육 성향의 과정은 미래 스웨덴 대학 체계의 바탕이 되었다.

대학 외부의 준전문직 양성기관

1950년대 말 주요 준전문직은 모두 공식적 대학 체계 외부의 교육기관, 즉 대학 및 위에서 언급한 전문직 학교와는 다른 지위의 교육기관에서 양성하였다.

스웨덴에서 간호사는 병원 및 병원을 운영하는 주 정부와 밀접하게 관련된 별도의 교육기관에서 양성했다. 학생들은 기초 의학 지식과 임상 사례를 학습하고 환자 돌보기에 관한 실용적인 지식과 경험을 바탕으로 기존의 기술과 도구를 적용하도록 훈련 받았다. 당시에는 간호학교 입학을 위해 김나지움을 나올 필요가 없었다. 교육은 2년만 진행되고 병원에서의 실제 간호업무에 긴 시간이 할애되었다.

사회복지사는 사회복지 특수학교에서 양성하였다. 본 과정의 기본은 심리학, 사회학, 경제학, 정치과학, (사회)법에 실무적이고 직업훈련적 성향이 더 강한 실제 사회복지 업무를 결합한 것이었다. 전자의 과목들은 관련 학과에서 대학 교육을 받은 강사들이 담당했으며, 본 프로그램의 중요한 부분인 장기간의 실습 준비를 포함한 직업교육 부분은 현장 경험이 풍부한 사회복지사들이 담당했다. 사회복지학교에 입학하는 학생의 대부분은 김나지움이 아닌 일반 고등학교(folkhögskolor) 출신이었다. 이 시기 사회복지학교에서는 사회복지 분야의 직업이나 지방 정부의 행정직을 준비했다.

준전문직 범주에서 수적으로 가장 큰 비중을 차지했던 교사는 신학교에서 파생된 사범대학에서 양성하였다. 원래 이러한 양성기관은 1842년 법안 통과된 의무교육 체계를 뒷받침할 교사들에 대한 높은 수요를 충족하기 위해 육성되었다. 가장 어린 연령집단(7~9세)을 위한 여성 교사들과 그보다 높은 연령대의 학생들(9~13세)을 위한 여성과 남성 교사들은 전국의 대도시와 주 행정 중심지에 설립된 세 개의 별도기관과 신학교에서 교육을 받았다. 교사들은 읽기, 쓰기, 산수의 기초(기초 지식의 재생산)를 비롯하여 시민권과 국가적 가치를 학생들에게 가르친다는 목표를 위해 양성되었다. 대중 계층의 자녀들에게 기초적인 지식을 가르칠 준비가 강조되었던 것이다.

한편, 사범대학에 입학하려면 김나지움을 졸업할 필요는 없었다. 일반적으로 교사들은 대학생들과 교육적인 배경도 달랐고 더 평범한 사

회적 배경을 갖고 있었다.[9]

또한, 물리치료사, 체육교사 같은 특수 직업 양성을 위한 특수학교와 보육교사, 레크레이션 지도자·지도교사를 양성하는 학교도 있었다. 의료, 간호 및 간병 분야에서는 치과 간호사, 조산사, 엑스레이 간호사, 기타 여러 전문가의 양성을 위한 특수 과정이 존재했다.

준전문가인 이런 직업 집단들은 모두 사회적 범주 2(중간계급 근로자)에 속한다고 정의되었다.

**현재의 스웨덴 – 제도적으로는 일원화되어 있지만
내부적으로는 분화되고 계층화된 전문가 양성 구조**

여전히 연구에 중점을 두는 전통적 명문 대학과 신생 대학, 수많은 대학부속 단과대학 사이에는 커다란 차이점이 존재한다. 전통적인 대학은 고전적 전문직(의사, 변호사, 토목 기사 등)을 양성한다. 종합대학은 자체적인 연구소를 만들고 원하는 분야의 박사과정을 신설할 수 있다. 그 반대편에는 학사 양성 및 교사와 간호사 교육이 주로 이뤄지는 신생 대학부속 단과대학이 있다.

50년 전, 제도적 배경도 다르고 사회적, 교육적 배경은 물론 직업적으로나 사회적으로나 종착지가 달랐던 두 전문직 범주(고전적 전문직과 준전문직)는 오늘날에도 존재한다. 하지만 오늘날의 전문직 구도는 훨씬 더 다양하고 다면적이다. 새로운 유형의 지식과 직업의 탄생으로 직업

---

[9] 당시 김나지움 및 선별적 중학교의 교사들과 의무교육 체계의 교사들 간의 차이는 상당했다. 김나지움 교사들은 교수법, 학생들을 대하는 법, 수업 계획법을 배우기 위해 사범대학에서 추가적인 훈련 기간을 거친 대학 졸업자들이었다. 이 교사 집단은 중산층과 상류층 출신이 더 많았고 4년 과정의 담당 과목 대학 학사 교육을 받았다는 점과 결혼 패턴 등에서 독자적인 양상을 보였으며, 사범대학 출신교사들과 다른 노동조합에 소속되어 있었다.

체계는 물론 고등교육 체계도 재편되었다.

4. 기술적·사회적 변화와 예비 전문직의 등장

기술의 진보와 사회적 변화에 따라 '지식의 대륙(continents of knowledge)'이 열리며 새로운 형태의 전문 지식의 필요성이 대두하자, 신·구 직업 집단들은 새로운 전문직화 프로젝트에 착수하려는 경쟁에 뛰어들기 시작했다. 학부 수준의 새로운 학문 과정에 대한 요구는 사회 변화에 근거한다.

먼저 의료, 자연, 기술 과학에서 '새로운 기술과 특수한 사고체(bodies of thought)'가 등장하였다. 이는 컴퓨터 과학자, 체계 분석가, 웹디자이너의 폭발적인 증가에서부터 전문 의생명 분석가 같은 새로운 범주의 탄생에 이르기까지 그 파급력이 컸다. 이 집단은 최근 빠르게 변화하였으며, 예전 실험실 조수들의 재조직은 새로운 의학/자연과학 학위 과정으로 진화해 의생명 분석가라는 정식 직업을 탄생시켰다.

반면, 변화에 대한 효과적 대처를 위해 '새로운 지식의 조합'이 필요한 새로운 형식의 사회적, 조직적 문제가 대두하였다. 사회 통합과 난민 문제 등을 처리하기 위해 사회과학 내부의 다양한 학문을 결합하거나, 환경 문제 등을 처리하기 위해 자연/기술 분야의 요소와 사회/경제학을 접목하여 새로운 형태의 학제적 과정들이 개발되었다. 이러한 유형의 신생 전문가들은 복잡한 문제를 해결하는 데 필요한 훈련과 교육을 받았고, 이 때문에 다양한 과학과 이론 및 방법론에 숙달하는 능력이 해당 직업의 핵심적인 특징이 되었다.

이와 같은 두 가지 주요 동력은 사회의 직업 체계와 분업을 모두 변화시켰고, 이러한 변화는 고등교육 체계의 재편에 중요한 역할을 했다.

고등교육 체계에 큰 영향을 미친 변화의 또 다른 동력은 '사회의 많은 핵심 직업을 위한 높은 수준의 일반 지식과 특수 지식에 대한 요구'이다. 그 전형적인 사례는 스웨덴의 병원들에서 간호조무사의 수는 줄어든 반면 간호사(등록 간호사)의 수가 늘어난 것이다. 이는 더 큰 역량의 직원들을 원하는 병원 경영진과 더 큰 역할을 간호사에게 요구하는 간호사 노조의 활동결과로 볼 수 있다.[10]

현재 스웨덴에서 가장 큰 학사 과정은 3년 과정의 공학과 경영학 학사 과정이다. 1980년대에 공학자들은 토목 기사라는 높은 전문직 수준에 있거나 김나지움에서 3년 또는 4년의 교육을 받았다. 그리고 이 교육이 계속해서 발전하여 대학 과정이 되었다. 오늘날 이 유형의 공학 교육은 예전보다 훈련 기간이 길며, 현재 스웨덴의 고등교육에서 가장 중요한 과정의 하나가 되었다. 이 과정 출신의 공학자들은 민간 부문으로 진출하고 있으며, 많은 제조, 건설 회사의 기술적 역량 수준을 높이고 있다.

공학을 전공하는 학생뿐 아니라 경영학, 마케팅 등을 공부하는 학생들도 크게 증가했다. 지난 25년간 스웨덴에서 경영학 과정은 대학부속 단과대학의 확대와 함께 수 배로 늘었다. 과거 많은 기업과 행정기관에는 경제 문제 관련 역량에서 직업적 분기점이 존재했다. 주요 경영대학원 출신의 경영학 석사들도 있었지만 일상적 수준의 행정·회계직 집

---

[10] 간호사 노조는 전문직노동자연맹(TCO) 소속인 반면 간호조무사들은 노동조합총연맹(LO) 내부의 지방 정부 노조 소속이다.

단은 고등학교(김나지움)에서 경영, 회계 과정을 이수한 사람들로 채워졌다.

5. 새로운 전문가 집단의 출현

오늘날 스웨덴의 복잡한 전문가 구조를 온전하게 이해하기 위해서는 위에서 언급한 예비 전문직이라는, 급속도로 증가하고 있는 세 번째 전문가 집단의 범주를 잘 살펴 보아야 한다. 이는 현재 전문화 프로젝트가 진행 중인 많은 직업을 아우르는 포괄적 범주로, 다음과 같은 최소 네 가지의 서로 다른 양상을 보여 준다.

1. 기존의 직업 집단이 구성원들의 교육을 대학으로 이전하여 전문적 특성과 지위를 강화하기 원한다.
2. 기존 대학이나 대학부속 단과대학에서 양성되는 직업 집단이 문학사나 이학사 학위 취득 1차 시험 자격을 갖추도록 기본적인 3년 양성 과정으로의 승격을 원한다.
3. 공공기관 등 국가기관 내부에서 이러한 움직임이 나타날 수 있다. 경찰학교를 학문적으로 격상하려는 노력이 대표적인 예다. 경찰 내부의 일부 핵심 구성원들이 이러한 격상을 원했다.
4. 직업교육 과정의 대학 교수 집단 역시 핵심 활동가일 수 있다. 교육과정 등에서 더 높은 학문적 수준을 요구하며 교육기간을 연장하여 교육 수준을 높이려는 것은 교수

집단의 이익에 부합할 수 있다. 학문적 기반이 넓은 교육에 대한 요구는 해당 분야 연구용 인력에 대한 지원을 필요로 하기 때문이다.

6. 모든 전문직이 동등한가?
- 대학 출신 전문가 집단의 계층화

전문직을 연구하는 많은 학자는 현재 '전문가 집단'이라는 개념으로 묶여 있는 다수의 다양한 직업의 공통점—3년간의 대학 교육, 직업적 조직의 존재, 윤리강령, 고객 처리, 체계적 지식을 이용한 실제적인 문제 해결 의지 등의 형식적인 특징들—을 강조한다. 그 결과 '전문직'으로 정의되는 직업의 수가 점점 증가하게 되었으며, 이에 따라 대부분의 직업 집단은 그들의 업무, 교육 및 수행에서 위 특징의 일부를 갖추어 전문직의 지위를 인정받고자 한다.

역사적으로 전문직은 '엘리트 집단'의 구성이라는 명확한 개념을 근거로 하였다. 엘리트 집단의 사회적 지위와 역할은 '장기간에 걸친 대학 교육과 신학, 법학, 과학 등의 분야에서 체계적 사고의 주요 형식에 숙달한 것에 근거하여 높게 평가받는 전문기술'로 결정되었다. 1950년대부터 1970년대까지 사회학자들은 고전적 전문직의 특징을 어느 정도 공유하는 직업 집단들을 분석적으로 다루는 방법을 고민했는데, 아미타이 에치오니(AmitaiEtzioni)는 자신이 편집한 영향력 있는 논문집에서 준전문직은 고전적 전문직 내의 직업 집단과 교육 수준이 높아지고 확대 중인 교사, 간호사, 사회복지사 등의 집단 간 차이점을 다루는 방식에서 탄생했다고 하였다(Etzioni 1969).

그러나 모든 전문직이 이와 같지는 않다. 전문가들은 문제 해결에서 협력적이고 상호보완적인 관계인 동시에 각각의 사회적 영역에서 내부적으로 계층화해 있다. 의사는 간호사, 조산사, 물리요법사 등 많은 직업의 사람들과 협력하며 일하지만 그 속에는 권력 갈등과 차별화를 위한 갈등도 존재한다. 전문가 집단은 또한 영역의 경계를 넘나들며 권력과 영향력을 경쟁한다.

이렇듯 전문직의 유형과 수준에 관한 차별화된 개념에 대한 이해는 전문직을 특징짓고 전문직을 준전문직과 구분하는 차원들의 간단명료한 목록에서 시작할 수 있다. 에치오니(1969) 등 연구자들은 준전문직과 고전적 전문직을 비교하기 위하여 다양한 차원의 유용한 목록을 제시한 바 있다. 이 목록은 전체 전문직 지형 내부의 계층화를 논의하기 위한 출발점이 될 수 있다. 어떤 면에서 준전문직은 전문적으로 간주되는 업무와 비슷한 유형의 업무를 수행한다는 점에서 공통적이지만, 여러 중요한 특징에서 전문직과는 다른 양상을 보인다. 고전적 전문직과 비교해 준전문직은 다음과 같은 특징이 있다.

> (1) 핵심적인 차별화 특징은 '준전문직의 지식 및 전문기술의 과학적(이거나 적어도 체계적인) 기반'이다. 직업 집단이 전문직 지위를 온전히 획득하려면 그 지식 기반이 이론적이고 체계적이며 당면 문제들에 적용될 수 있어야 한다.

(2) (1)에서 언급한 지식과 전문기술을 획득하기 위한 실제적인 전제조건은 학업과 훈련 기간의 '길이'다. 이는 이론과 방법론을 더 강조해야 한다는 뜻이다.

(3) 각 직업 집단이 전통적으로 그리고 역사적으로 획득한 '사회적 지위'는 해당 직업 집단의 지식 기반의 신뢰성에 실제로 영향을 미친다. 사회적으로 인정받는 신뢰성이 그 대표적인 예다. 법학이나 회계 원칙처럼 사회의 소수 구성원만 이해하는 체계적인 규칙결정 기준에 대한 통달은 특정 집단의 독점화된 지식 기반을 절대적이고 존경받는 위치로 격상시킬 수 있다.

(4) 여성이 남성보다 사회적 지위가 낮다면, 여성 주도형 직업과 그 지식 기반은, 남성 주도적 직업의 것보다 낮은 지위에 있다고 볼 수 있다. 최근 스웨덴에서 졸업생의 과반수가 여성이고 여성 진입자들이 빠르게 우위를 점하고 있는 의료 전문직의 미래를 보면 이러한 메커니즘이 언제까지 (현재까지도) 작용하는지 알게 될 것이다. 이것은 해당 직업 집단에 본래부터 있던 것이 아니라 적어도 부분적으로 또는 역사적으로 뿌리를 내린, 성별에 따른 사회적 분업의 결과로 생각할 수 있다.

(5) 민간/공공 부문, 대규모/소규모 조직, 피고용/자영업, 국제/국내 업무 등에서 서로 다른 고용 체제는 모든 유형의 전문가 집단에서 발견되는 계층화의 특징이다.

7. 직업세계의 변화가
대학 교육의 판도를 바꾼다

 확대되고 있는 전문가 집단 분야를 이해하고자 지금까지 이용한 고전적 전문직과 준전문직, 부상 중인 예비 전문직의 세 범주는 역사적으로 형성된 순서대로 구조화된 것이다. 앞서 설명했듯이 각 범주의 전문직들은 대학 체계와의 관계, 지식 기반, 사회적 지위 등의 주요 특징을 공유한다.

 그러나 특정 직업의 사회적 지위는 시간이 흐르면서 변화한다. 이는 여러 유럽 국가에서 줄어드는 종교의 역할로 말미암아 신학을 기반으로 양성되는 여러 직업의 지위와 영향력, 신뢰성이 감소한 것처럼 사회변화의 결과일 수 있다. 반면 스웨덴이 유럽연합에 가입한 이후 스웨덴에서 변호사의 역할은 날로 중요해지고 있다. 사회가 더 복잡해지고 법률수요가 늘어나면서 법학대학원 진학이 더 매력적인(그리고 고소득을 보장하는) 선택지가 되었기 때문이다.

 대학과 대학부속 단과대학의 문학사/이학사 교육이 기본적인 3년제 과정에 포함된 이후, 해당 집단들에 대한 일반화되고 연장된 교육은 그들의 지식과 전문지식을 늘리고, 해당 직업이 더 전문적인 수준으로 격상되는 결과를 낳는다.

 간호사를 비롯해 전문 요법사와 신규 등록 직업인 의생명 분석가는 교육 기간의 연장과 학문적 수준의 향상에 힘입어 전문가의 지위 측면에서 혜택을 받은 직업의 예이다. 현재 많은 직업이 과거의 준전문직과 비슷한 사회적, 지식적 지위를 갖고 있으며, 해당 직업의 종사자들은 때때로 훨씬 더 격상된 수준을 열망한다. 그 결과 이들은 해당 분야를 다루는 연구 학위를 신설하기도 했는데 진단검사의학과 임상검사과학도 그중 일부다.

전반적인 교육 수준의 향상과 대학 졸업자의 증가는 사회적 지위와 특정 직업 집단의 영향력에도 변화를 가져왔다. 교사의 사회적 지위가 예가 될 수 있다. 지금은 교사들보다 교육 수준이 높은 부모를 둔 학생들이 여느 때보다 많다. 대학 교육을 받은 사람들이 늘어나면서 교사라는 전문직의 '지식 권위(knowledge authority)'는 상대적으로 감소하고 있다. 이는 변화하는 고용 패턴 및 교사 교육의 변화와 함께 교사의 상대적 임금과 사회적 지위의 하락을 가져왔다.

노동 분업에서 특정 틈새 직업을 목표로 하는 특수 연구 과정의 수가 증가하는 것은 스웨덴 등 여러 국가에서 고등교육이 확대되는 주요 요인이다. 훈련 기간의 연장 및 그와 동시에 진행되는 과정 내 특정 지식 요소에 대한 정확한 목표 설정은 예비 전문직과 준전문직의 상반되는 발달로 이어졌다.

간호사 교육은 훨씬 더 학문적이고 과학적으로 변모했다. 간호과학은 신속하게 간호사 교육의 핵심 학문이 되었고 연구분야로서도 빠르게 성장하여 스웨덴의 대학과 대학부속 단과대학에서 상당수의 교수와 연구팀을 보유한 학문이 되었다. 따라서 간호사는 어떤 면에서는 고전적 전문직에 가까워지고 있지만, 여전히 사회적, 기술적 분업에서 종속적인 지위에 있다.

치의학 분야에는 치과의사라는 고전적 전문직이 있지만 치과 간호조무사, 치과기공사, 치위생사 등 치과의사와 치과를 돕는 전문적 직업도 있다. 명백히 여성 우위인 후자의 직업군은 현재 치과대학의 외부와 다수의 대학부속 단과대학의 2년제 과정에서 양성된다. 스웨덴의 고등교육 당국은 본 과정이 3년제로 바뀌어야 하며, 그에 따라 구조적으로 더 학문적으로 변화해야 한다고 제안했다. 현재 본 과정에는 박사학위가 있는 교수들이 많다. 가까운 미래에 치위생사는 교육 기간이 3년으로 연장되며 예비 전문직에 진입할 것으로 보인다.

현재 치위생사는 치과의사들이 위임한 임무만 수행하지 않는다. 치위생사는 공중보건 영역에서 독립적인 역할이 있고, 치석 관리와 초기 치근막붕괴(치아 상실)처럼 치과의사가 하는 일의 일부를 하기 시작했으며 치과의사보다 저렴하게 시술하고 있다. 이에 치과의사들은 치위생사들이 기술적 노동분업의 한계를 넘어서려고 한다고 인식하면서 자신들이 독점적으로 유지하려는 업무를 하고 있다. 치과의사와 치위생사 간에 전문적 업무 영역을 둘러싼 갈등이 존재하는 것이다.

특수성이 강화된 직업교육 과정

신생 특수 과정은 특수성을 통해 과거 일반적인 직업교육 과정 졸업생들이 담당하던 특정 직업을 겨냥하여 개설될 수 있다. 일례로 최근 스웨덴에서는 범죄학을 중심으로 한 과정이 증가하고 있고 스웨덴의 여러 대학에서 이러한 과정을 개설하고 있는데, 이 과정들은 예전에는 사회복지사가 담당하던 형사사법, 교도소 및 전과자 재활 분야의 직업을 목표로 한다.

차별화와 경쟁이라는 원칙은 언론과 정보학 분야에서도 찾을 수 있다. '조직 커뮤니케이션' 부문 내에는 특수한 교육 과정에 대한 요구가 존재하는데 내부적으로는 기업이나 공공부문의 관리 부서에 존재하며, 외부적으로는 잠재적·실제 고객과 소비자, 일반 대중과 더불어 정치와 행정 분야의 의사결정권자들에게 존재한다. 완전히 새로운 '정보' 부서들이 대기업과 공공부문 내부에서 생겨나고 있는데 이런 부서에는 보통 언론 과정 졸업생들이 진출한다. 그러나 정보 분야는 언론인과 정보 전문가를 위한 일반적인 언론·커뮤니케이션 과정과 비교해 특수성과 차별성이 갈수록 강화되고 있으며 다양한 과정으로 변모하고 있다. 그 결과 현재 '정보 분야의 새로운 직업적 특수성의 부상'을 목도하고 있다. 은퇴한 언론인들이 아니라 정보 전문가들이 정보 관련 부서를 이끌어가는 경우가 증가하고 있으며, 이 전문가들은 현재 독자적인 전문직 협회를 설립 중이다.

8. 복잡한 문제들
-학제적(multidisciplinary) 과정이 해법?

다수의 신생 연구 분야와 신생 교육 과정은 기후변화, 이산화탄소 문제, 새로운 형태의 운송수단, 난민 이주, 사회통합, 다문화주의 갈등 등 새로운 종류의 사회적, 경제적, 환경적 문제들에 대한 대응에서 비롯되었다. 이러한 교육 과정은 종종 여러 학문을 결합한 학제간 과정으로 구성되며, 이러한 의미에서 다양한 특수 학문에서 나온 다수의 작은 모듈을 기반으로 한 고전적 전문직 과정의 기본 원칙과 유사하다. 의과대학과 토목기사 과정이 좋은 예이다.

스웨덴 고등교육 부문의 대학과 학과들은 직업적 틈새를 발견하거나 창조하고, 졸업생들에게 이미 수요가 발생한 직업의 소양을 갖추게 할 특수한 교육과정을 고안하여 탐구하고 개발할 새로운 분야를 찾고 있다. 그리고 이러한 과정에서 미래의 필수 과정이 탄생하기도 한다. 1980년대 초 여러 대학의 협력으로 탄생한 스웨덴의 인적자원관리(HRM) 과정은 지금도 여러 대학과 대학부속 단과대학에 개설되어 있다. 현재 이 과정은 인사 관리 분야에 진출하고자 하는 졸업생들에게 '필수' 요건으로 여겨진다. 이 과정을 마친 졸업생들은 현재 완전한 전문직으로 진화 중인 대표적인 예비 전문직 종사자들이다. 이 밖에도 '근로 생활 과학(working life science)'은 많은 스웨덴 대학에서 독자적인 박사 과정이 존재하는 확립된 연구 학문이다.

위와 같은 측면에서 대학부속 단과대학과 소규모 신생 대학은 오랜 역사를 지닌 유명 대학보다 빠르게 변화에 대응할 수 있으므로 교육 수준을 격상하려는 기존 직업 집단의 요구를 자체 교육과정 내에 반영하기가 더 쉽다.

이는 과거에는 직업적·학문적 직업교육의 내부나 주변부에 머무르는 것이 당연하게 여겨졌던 직업적 기능의 전문성 강화에도 유효하다. 코칭과 스포츠 매니지먼트를 포함한 여가와 스포츠, 민족성과 이민, 범죄학, 청소년 문화, 아동 연구, 문화 행정, 대중문화 등에 대한 관심은 급성장중인 다수의 신생 교육 과정의 등장으로 이어졌다. 이는 사회과학과 인문학 내에서 여전히 진행 중인 기술적, 의료적 역량의 극단적 전문화와 유사하다. 특수한 문제 해결을 위한 지식을 보유하고 있다고 주장할 수 있는 특수 전문가들이 어느 때보다 많은 것은 바로 이러한 변화 때문이다.

9. 오늘날의 스웨덴 고등교육 체계 - 기술적 요약

1. 통계로 보는 스웨덴의 고등교육

　OECD의 여러 지표에서[11] 스웨덴은 상위권에 속해 있다. 스웨덴은 GDP의 1.7%를 고등교육과 연구에 지출하며, 그중 절반은 연구와 3주기(박사) 과정 양성에 쓰인다. 지난 2010년 고등교육과 연구 부문의 총세입은 576억 크로나였고 교수(教授)와 연구를 위한 국가의 직접 지원은 375억 크로나에 달했다. 이는 해당 총세입의 65%에 달하는 금액이다.

　국가의 직접 지원 외에도 지방 당국과 주 의회, 유럽연합과 공공 연구 재단 같은 다양한 공공 기관을 통해 94억 크로나가 고등교육과 연구 분야에 지원되었다. 종합하면 다양한 공적 지원이 고등교육과 연구 부문 전체 자금지원의 89%를 차지한다. 한편, 같은 해에 스웨덴의 기업들과 비영리 조직들은 이 부문에 48억 크로나를 지원했다.

　1주기(학부)와 2주기(석사) 과정에 드는 재원은 대부분(87%) 국가의 직접 지원으로 마련하지만, 연구 및 3주기 과정은 국가에서 직접 지원받는 재원이 전체의 절반 이하(47%)이다.

　OECD 국가들은 평균적으로 공공 지출의 3.0%를 고등교육에 지출한다. 2007년 스웨덴은 공공 기금의 3.4%(또는 GDP의 1.8%)를 고등교육에 할당했다.

학생 수의 확대

　• 1995년부터 2005년까지 고등교육을 받는 학생 수가 약

---

[11] 스웨덴 국립고등교육청의 발표와 자료에 근거한다.

50% 증가했다. 2010년에는 433,000명의 학생이 1주기 (학부)와 2주기(석사) 과정에 등록했다. 그중 FTE(전일제) 학생은 304,000명이다.

- 성별 분포: 남성 41%, 여성 59%
- 비스웨덴 배경: 18%(외국에서 출생했거나 부모 모두 외국에서 출생)
- FTE 학생의 60%는 법학이나 사회과학, 인문학, 신학을 공부하고 있었다. 학과별 FTE 학생들의 분포는 여성과 남성에 따라 달랐다. 모든 FTE 여학생의 절반가량이 법학과 사회과학 분야에 있었고, 17%는 인문학과 신학, 10%는 보건복지학에 있었다. 남학생 중 40%에 약간 못 미치는 학생들은 법학과 사회과학을 공부하였고, 24%는 공학, 15%는 인문학과 신학을 공부했다.
- 법학과 사회과학 분야에서 FTE 학생의 수가 가장 크게 (11,000명) 증가했다.
- 2009~2010학년도에 총 졸업 예정자는 51,700명이었다. 학위수여 요건을 충족하는 학생의 65%가 여학생이었고 남학생은 35%였다.

박사과정 학생들

- 2010년 3주기 과정을 이수하는 학생은 모두 17,700명이었고 그중 49%가 여성, 51%가 남성이었다. 1990년 ~2010년 동안 박사 과정 신입생은 52% 증가했으며 여성

은 신입생의 절반에 해당하는 47% 정도였다.
- 각 학문 영역에서 성별 균형의 정도는 다양한데, 공학(남성 71%, 여성 29%), 의학(남성 41%, 여성 59%), 사회과학(남성 43%, 여성 57%)에서 불균형이 가장 심했다.
- 약 30%의 3주기 신입생들은 외국에서 온 박사과정 학생들이었다. 3주기 과정의 유학생 신입생의 절반은 아시아에서 왔고, 그중 중국 학생이 가장 많았다.
- 2000년과 2002년에 박사학위를 받은 학생 중 90%에 달하는 학생들이 2008년에 노동시장에서 자리를 잡았다.
- 3주기(박사과정) 연구: 스웨덴은 박사학위를 많이 준다(일반적인 동질 연령대의 2.7%).

2. 복지국가 스웨덴의 사회 변화를 위한 메커니즘으로서의 고등교육

스웨덴 정부는 매년 출생한 국민의 50%가 25세까지 대학 수준의 교육을 시작하는 것을 목표로 삼고 있다.

스웨덴 정부는 2차 대전 이후부터 교육을 사회 변화를 위한 핵심 동력으로 보고 있다. 공교육은 모두를 위한 것이고 다양한 사회 계층이 교육 체계에서 만나야 한다는 것이 그때부터 지금까지 이어온 중요한 교육 철학이다. 스웨덴 교육 정책의 중요한 부분은, 교육에서 '막다른 길(dead-ends)'를 피하는 것이다. 모든 형태의 교육에서 고등교육으로 진입하는 것이 가능해야 한다. 예를 들어, 스웨덴 교육 체계의 두드러진 특징은 후기 중등교육이 고등교육과 근로생활 모두를 준비하도록 해야 한다는 생각이다.

사회경제적 배경은 고등교육 진입 양상에 분명히 영향을 미친다. 지리적 접근성, 성별, 교육적 배경 및 부모의 교육에 따라 25세까지 고등교육에 진입한 사람들의 비율은 6%에서 94%까지 차이가 난다.

노동계급 출신 청년들은 보건, 교육학 같은 직업교육 학위로 이어지는 단기 과정에서 높은 비중을 차지하지만, 중·상위계층 출신 학생들은 의학이나 법학 같은 장기 과정에서 매우 높은 비율을 차지한다.

스웨덴 고등교육 정책의 지역적 차원

1960년대부터 고등교육 정책의 한 가지 목표는 스웨덴 전역에서 고등교육에 대한 접근성을 높이는 것이었다. 1960년대 후반 들어 학생 수가 급격히 증가하면서 고등교육 체계의 확대가 필요해져 여러 대학의 분교와 부속대학이 설립되었고, 이들은 결국 독자적인 대학이 되었다. 또한, 신규 기관들이 설립되었고 전통적인 대학 지역 바깥에 있는 대학부속 단과대학의 일부는 대학의 지위를 얻게 되었다. 전통적 대학 지역 바깥의 교육기관은 학습 공간이 가파르게 증가했고 이러한 신생 교육기관의 다수에 분배되는 연구 자금지원의 양도 증가했다. 이처럼 고등교육을 지역적으로 확대하는 목적은 스웨덴 주민의 고등교육에의 접근성을 높이고 소외 지역에 자격 있는 인력 공급을 늘리기 위해서였다.

1990년부터 다수의 신생 대학부속 단과대학이 설립되었고, 많은 대학부속 단과대학이 대학의 지위를 얻었다. 오늘날 각 주에는 적어도 한 개의 대학이나 대학부속 단과대학이 있는데 여기에는 다른 지역 교육기관의 분교 및 부속대학과 원거리 고등교육이 포함된다.

1980년대 이래 학습 공간에서 상당히 중요한 지리적 재분배가 일어났다. 1990년대 초에는 학생의 80%가량이 여섯 개의 주요 도심지역에 등록되어 있었지만 2000년에는 이 수치가 60%로 줄었고, 현재 일반 학위(학사와 석사)의 약 40%는 신규 교육기관에서 수여하고 있다.

이러한 지역적 재분배에도 불구하고 스웨덴의 각 주에는 고등교육을 위한 젊은 층(26세까지)의 이주율에서 여전히 큰 불균형이 존재한다. 이러한 차이는 지자체 수준에서 더욱 심하다. 이주율이 75%가 넘는 지자체가 있는가 하면 25%가 약간 넘는 최저 수준의 지자체가 있는 등 다양한 양상을 보인다.

스웨덴 정부의 정책 목표는 고등교육이 지리 및 연령과 관련하여 더 유연하고 접근이 용이해야 한다는 것이다. '원격교육(distance education)', 특히 인터넷을 통한 원격교육은 스웨덴에서 오랜 전통이 있고 1990년대 중반부터 급성장하여 수많은 시립 '학습센터(learning centres)'가 전국에 생겨났는데 이 센터들은 학생 상담, 도서관 서비스, 컴퓨터 이용 등과 관련하여 학생들을 지원한다. 특히 대학 캠퍼스에서 멀리 떨어진 지자체의 많은 학생에게 원격 학습 서비스를 제공한다.

2009~2010학년도에는 134,000명의 고등교육 학생이 원격 과목을 수강하였는데 이들은 평균적으로 캠퍼스의 학생들보다 나이가 많았다. 이는 그들이 종종 이미 고등교육 과정을 마쳤다는 사실과 관련이 있다.

3. 고등교육과 고용

졸업생 대다수는 상대적으로 빨리 취업에 성공한다. 1주기 및 2주기 과정 학생들은 졸업 후 1년에서 1년 반 사이에 노동시장에 진입하고 75%는 고등교육 자격을 요구하는 직업을 얻는다.

최근 졸업생들 사이에서는 의학/치의학(93%), 공학(89%), 보건복지학(84%) 분야의 취업률이 높았다. 교육, 법학/사회과학 및 농업/임학 분야의 취업률은 각각 77%, 79%, 81%였고 자연과학, 인문학, 신학, 미술, 응용/공연 예술 분야는 평균 수준 이하였다.

4. 고등교육 연구 재원마련 체계와 학생 모집

스웨덴의 대학생 금융지원제도는 사회적, 지역적 배경과 관계없이 모두 국민이 고등교육에 접근할 수 있도록 고안되었다. 교육에의 동등한 접근성은 오랫동안 스웨덴 복지 국가의 한 축이었다. 초등교육에서 고등교육까지의 비용은 주로 세금으로 지원하고 학생들은 무상교육을 제공받는다. 고등교육을 받는 학생은 모두 대출과 보조금 기반의 학업지원 체계를 이용할 수 있다. 스웨덴의 학생들은 성인으로 간주되어 부모와는 공식적으로 독립적인 관계다. 따라서 학업지원 체계는 학생 자신의 수입을 근거로 하며, 부모의 수입은 고려하지 않는다. 스웨덴의 고등교육기관에서 등록금은 (여전히) 무상이고, 대학생 금융지원제도는 생활비와 학습자료 비용을 지원하기 위한 것이다.

54세 미만(실제로는 45세 미만)의 모든 국민은 최대 240주 동안 학생금융지원제도를 신청할 권리가 있다. 학생금융지원제도는 보조금과 대출로 구성되는데 대출금은 대출 수령인이 60세가 되기 전에 월별 상환으로 모두 상환되어야 한다. 매월 상환액은 부채 규모와 이율로써 결정되며, 수혜자의 수입과 상환능력도 고려된다. 연간 상환 비용은 연간 세전 소득의 5% 미만으로 제한된다.

참고문헌

Abbott, A. (1988). *The System of Professions.* Chicago: University of Chicago Press.

Abbott, A. (2005). "Linked Ecologies: States and Universities as Environments for Professions", *Sociological Theory* 23 (3):245-274.

Agevall, Ola & Olofsson, Gunnar (2012a) "The professional field of higher education: A longue durée view of institution and corps in the Swedish university system", Paper presented at *Framing Expertise: Scientific Knowledge and Systems of Professions,* Inter University Centre Dubrovnik, May 7-11 2012

Bourdieu, P. (1988). *Homo Academicus.* Stanford: Stanford University Press.

Bourdieu, P. (1996). *The State Nobility. Elite Schools in the Field of Power.* Stanford: Stanford University Press.

Bourdieu, P & Passeron, J C (1970/ 2000) *Reproduction in Education, Society and Culture.* London: Sage.2000

Brante, T. (2010b). State professions and the historical take-off of continental professions: the case of Sweden. In J. Evetts & L. Svensson (Eds.), *Sociology of Professions. Continental and Anglo-Saxon Traditions* Gothenburg: Daidalos International Press.

Brante, T., & Olofsson, G.. *The Professional Landscape.* Forthcoming.

Brint, S. (1994). *In an Age of Experts. The Changing Role of Professionals in Politics and Public Life.* Princeton: Princeton University Press.

Brint, Steven, Riddle, Mark, Turk-Bicakci, Lori & Levy, Charles (2005) "From the Liberal to the Practical Arts in American Colleges and Universities: Organizational Analysis and Curricular Change", *The Journal of Higher Education,* vol.76, no.2, pp.151-180

Burrage, M & R. Torstendahl (Eds.), *Professions in Theory and History: Rethinking the Study of the Professions.* London: Sage.

Collins, R. (1979). *The Credential Society.* New York: Academic Press

Durkheim, É (1893/1984) *The division of labour in society.* Basingstoke: Macmillan, 1984.

Etzioni, A (1969) *The semi-professions and their organization: teachers, nurses, social workers.* New York: The Free Press.

Friedson, E (1994) *Professionalism Reborn.* Chicago: Chicago University Press.

Freidson, E. (2001). *Professionalism. The Third Logic.* Cambridge: Polity Press.

HSV Rapport (2006:3 R), "Högre utbildning och forskning 1945 – 2005 – en översikt"

Högskoleverket (1998) De första 20 åren: Utveckling vid de mindre och medelstora högskolorna sedan 1977, Högskoleverkets rapportserie 1998:2 R. Stockholm.

Olofsson, G. (2008). Everyone his/her own profession?, The International Sociological Association (ISA) research network on professions. Oslo.

Olofsson, G (2009) A Third Wave of Professions? Paper presented at RN 19 (Professions, European Sociological Association conference i Lissabon 2009.

Olofsson, G. (2010). The Expansion of the University Sector, the Emerging Professions, and the New Professional Landscape. The Case of Sweden, Paper for RN 52 (Professions), International Sociological Association, World Congress. Gothenburg.

Parsons, T (1939/1964) The Professions and Social Structure. pp. 34–49 in Essays in Sociological Theory, rev. ed. New York: Free Press.

Parsons, T. (1968). Professions, International Encyclopedia of the Social Sciences. New York: MacMillan Company & The Free Press.

Parsons, T., & Platt, G. (1973). The American University. Cambridge, MA: The MacMillan Company & The Free Press.

Perkin, Harold (1969) Key profession: The History of the Association of University Teachers, London: Routledge & Kegan Paul

Perkin, Harold (1989) The Rise of Professional Society: England since 1880, London: Routledge & Kegan Paul

Ridder-Symoens, Hilde de (ed.) 1996 A history of the university in Europe. Vol. 2, Universities in early modern Europe (1500–1800), Cambridge: Cambridge University Press

Rüegg, Walter (2004) A History of the University in Europe. Vol. 3, Universities in the Nineteenth and Early Twentieth Centuries (1800–1945), Cambridge: Cambridge Univ. Press

Sarfatti-Larsson, M. (1977). The Rise of Professionalism. Berkeley: Berkeley University Press.

Stehr, N. (1984). Knowledge Societies. London: Sage.

Svensson, Lennart G. (1978) Från bildning till utbildning, bd. 2, Universitetens utveckling och omvandling från en traditionell bildningsinstitution till en rationell utbildningsinstitution från 1100-talet till 1870-talet, Göteborg: Sociologiska inst., Göteborgs univ.

Svensson, Lennart G. (1980) Från bildning till utbildning, bd. 3, Universitetens omvandling från 1870-talet till 1970-talet, Göteborg: Sociologiska inst., Göteborgs univ.

Trow, Martin (2010) "Problems in the Transition from Elite to Mass Higher Education", in *Twentieth-Century Higher Education: Elite to Mass to Universal*, Baltimore: The Johns Hopkins University Press

Wilensky, H (1964) The Professionalization of everyone? *American Journal of Sociology* vol. 70 (1964), pp.137-48

Witz, A. (1992). *Professions and Patriarchy*. London: Routledge.

스웨덴 교육정책과 사회 복지
복지정책이 직업세계의 변화에 미친 영향

진미석 (한국직업능력개발원 부원장)

1. 서론

    Olofsson 교수는 '스웨덴의 고등교육 확대정책과 전문 인력의 재구성'이라는 주제발표를 통하여 스웨덴의 고등교육 팽창과 직업세계의 변화에 대한 역사적 배경과 변화 과정을 설명하고 스웨덴의 사회와 교육, 일의 세계를 이해할 중요한 기회를 마련해 주었다(p.164 참조). 지금까지 한국에서는 스웨덴의 고등교육에 대해 논의할 기회가 거의 없었기 때문에 Olofsson 교수의 발제는 변화와 발전과정에 대한 기술 그 자체만으로도 유익하였다. 나아가 최근 한국사회에서 사회복지의 강화가 정책적으로 중요한 이슈가 되는 상황에서 사회복지적 관점에서 고등교육을 연관 지어 설명한 것은 더욱 의미가 있었다. 본고에서는 Olofsson

교수의 발표를 간략하게 요약하고 이에 대한 몇 가지 논의사항과 한국에 주는 시사점을 간략하게 정리해 보고자 한다.

2. 스웨덴의 직업세계의 변화와 고등교육의 발전

Olofsson 교수의 발표를 통하여 본 스웨덴 고등교육의 변화의 특징을 간략하게 정리해 보면 아래와 같다.

1. 장기간에 걸친 고등교육의 점진적 변화와 발전

스웨덴의 고등교육은 1477년 설립된 웁살라 대학을 시작으로 550여년에 이르는 동안 사회변화에 대응하거나 사회변화를 이끌어가면서 변화와 발전을 거듭하였다. 중세 시대에는 다른 유럽국가와 마찬가지로 신학자를 양성하는 기능을 수행하기 위해서 대학이 만들어졌으며, 이렇게 세워진 대학은 19세기 초반에 이르기까지 부분적인 변화를 겪으면서 점진적으로 성장하였다. 1810년에서 1947년에 이르는 동안에는 여러 전쟁을 거치면서 전쟁에 필요한 의료인력 양성을 위해 의학과 간호학을 다루는 교육기관을 신설하여 운영하였다. 1945년부터 1977년까지인 교육개혁 시기에는 새로운 사회변화에 부응하여 다양한 형태의 고등교육기관이 신설되었고 기존의 대학들 역시 대폭 확대되었다. 1977년에는 고등교육시스템의 전면적인 개혁이 이루어졌는데, 종합대학, 단과대학, 기타 전문학교의 세 가지 형태의 고등교육이 하나의 고등교육 유형으로 통합되었다. 이 때문에 기존의 고등교육으로 여겨지지 않은 학교와 학생들이 대거 편입되어 고등교육기관과 학생 수가 급격히 증가하였다.

이처럼 스웨덴의 대학이나 직업훈련기관은 직업이나 산업수요의 변화를 반영하여 발전하였으며, 공식적인 고등교육체제는 새롭게 확장된 영역을 포함하는 가운데 새로운 시스템을 구축하여 그러한 변화에 대응하였다. 따라서 스웨덴의 고등교육이 장기간에 걸친 사회변화에 대응하면서 발전해온 과정은 근대적 의미의 대학교육 역사가 1세기도 채 되지 않은 우리나라 고등교육의 변화 과정과는 근본적인 차이가 있음을 재확인할 수 있다. 스웨덴 고등교육의 점진적인 변화 과정은 역설적으로 한국 대학교육의 변화와 발전이 역동적이고 급박하게 이루어졌으며 이 때문에 발생하는 고등교육의 문제와 처방 역시 복합적일 수밖에 없음을 보여준다. 또한, 우리의 상황과 특성에 대한 고려 없이 선진국의 정책 사례를 벤치마킹하거나 도입하고자 한다면 바라는 목적을 달성할 수 없음을 상기시켜 주는 부분이라고 할 수 있다.

2. 스웨덴 고등교육의 직업화 경향과 전문직업의 변화

Olofsson 교수의 발제에 따르면 스웨덴 대학의 변화 과정은 스웨덴 직업세계의 변화를 반영한 것이라고 요약할 수 있다. Olofsson 교수는 Parsons의 전문직의 개념과 유형을 고등교육시스템의 변화 과정을 설명하는 데 활용하였다. 고등교육과 관련한 스웨덴의 직업구조는 전문직의 기준에 따라 전문직, 준전문직, 예비 전문직으로 구분할 수 있다. 전문직은 전통적으로 전문직으로 인정받는, 의사, 변호사, 공학자 등으로, 해당 인력은 전통적인 엘리트 대학교육을 통해서 양성된다. 체계적인 이론과 과학적 사고를 현실에 접목하여 일을 수행하는 전문 단체가 있으며 자체적인 윤리코드가 있는 직업이라고 할 수 있다. 이에 비해 준전문직은 체계적이고 이론적인 지식보다는 현장에서의 실습과 경험을 통해서 얻게 되는 실무적인 능력이 매우 중요한 비중을 차지하는 직업이다. 이에 속하는 직업으로는 간호사, 사회복지사, 교사 등이 있는데 이 직종의 인력은 일반적으로 대학에서 길러지기보다는 학교 밖의 훈련기관에서 양성되었다. 여성이 주된 구성을 이루고 사회적 지위와 가정배경이 전문직 종사자보다 낮은 편이었다. 한편, 최근에 와서 예비전문가 직종이 등장하기 시작했는데, 이는 첨단 과학기술의 발전과 사회적 변화에 따른 직업적 대응이라고 할 수 있다. IT와 바이오 전문기술자 등이 전자에 해당하고, 이민자녀교육전문가, 환경전문가 등이 후자에 속한 직업이라고 할 수 있다.

이러한 형태의 전문직업은 사회변화에 영향을 받아 성장하거나 확대되고, 또 새롭게 만들어지기도 하여 직업인 양성과정 역시 변화를 요구받게 되었고, 대학들은 이러한 직업세계의 변화를 적극적으로 반영하여 고등교육기관의 변화와 발전의 양상을 보이게 되었다. 이는 곧 대학교육의 직업화 경향으로 규정할 수 있는데, 스웨덴의 직업화는 세 가지 양상으로 전개되었다.

첫 번째는 전통적인 엘리트 직업들이 사회나 경제 변화를 반영하여 그 규모나 직무 내용이나 방법을 변화시켜 나감에 따라 대학교육 과정에서 이를 적극적으로 수용하는 형태를 띠게 된 것으로, 웁살라 대학 등 전통적인 엘리트 대학에서 이루어지는 규모의 확장, 전공의 세분화·전문화 등이 그것이다.

두 번째는 사회의 새로운 변화에 따라 새롭게 생겨나는 전문직종의 인력을 양성하는 교육기관을 의미하는데 이는 최근에 새롭게 신설되는 단과대학이나 학과에서 볼 수 있다. 이런 직종은 대체로 생겨난 지가 얼마 되지 않아 아직은 전문직으로 자리매김하기는 어려우나 앞으로 전문직으로 이행할 예비전문직이라고 할 수 있다.

세 번째는 준전문직 인력 양성의 기능이다. 전통적인 전문직종에 속하지는 않지만 인력의 질을 높이고 직업직 지위를 향상시키고자 인력 양성을 직업훈련기관에서 고등교육으로 편입하는 경우가 이에 해당한다. 간호사, 사회복지사, 교사 등의 양성과정이 외부 직업훈련기관에서 고등교육기관으로 포함된 것이 대표적인 사례이다.

이처럼 스웨덴의 대학은 직업구조의 변화에 대한 대응으로 교육의 규모와 기능을 확대하면서 내부적으로 분화·발전하였으며, 학생들은 새로운 형태의 직업이나 직무, 혹은 전문직으로 연계된 프로그램으로 교육을 받고 관련되는 직업경로로 안내되고 있다. 따라서 스웨덴의 고등교육 발전의 중요한 요인은 직업세계의 변화를 반영하고 직업을 준비하고 직업으로 연계하기 위한 기능이 강화되는 고등교육의 직업화 경향이라고 할 수 있다. 한국의 고등교육 역시 기관 수나 학생 수에서 급증을 겪어왔다. 그러나 한국에서 고등교육 확장의 동인은 고학력을 통해 좋은 직장에 취업하겠다는 개인적인 열망과 수요에 따른 것으로, 직업세계의 변화에 부응하여 직업인의 양성과정 기능을 강화한 스웨덴의 고등교육과는 형태가 다르다고 할 수 있다.

3. 스웨덴 사례의 시사점

스웨덴의 고등교육 발전과정에 대한 논의가 주는 시사점을 비교학적 연구의 관점이나 정책적인 관점에서 찾아보면 다음과 같다.

1. 고등교육과 사회복지와의 관계
  ① 고등교육의 확대를 통한 사회복지구현의 노력

스웨덴은 고등교육을 포함한 교육 시스템이 사회복지의 중요한 수단임을 강조하고 있다는 점에서 시사하는 바가 크다. 스웨덴은 모든 사람에게 열린 고등교육, 원한다면 언제 어디서든 받을 수 있는 평생교육 등을 통하여 사회계층적으로 취약한 집단에도 양질의 교육과 좋은 직업을 제공하고자 노력하고 있다. 고등교육을 받을 의지와 능력이 있는 학생들이 경제적인 여건이나 지역적인 한계로 인하여 교육기회가 제한되지 않도록 교육비용 지원과 지방의 고등교육 확대 등 고등교육 정책이 복지정책의 일환으로 중요하게 다루어지고 있다. 한국에서는 대학교육에 필요한 생활비 지원 등 간접비용은 말할 것도 없고 등록금, 교재비 등 직접경비 역시 개인 부담이어서 고등교육의 기회 확대는 사회적 형평이나 복지의 관점에서 접근되지 못하였다. 따라서 한국에서도 사회복지의 관점에서 대학등록금 정책이나 장학금 지원정책 등 고등교육정책을 재검토할 필요가 있다. 다만, 스웨덴에서는 교육을 공공재로 보고 초중등은 물론 고등교육 역시 대부분 공립학교로 운영되고 있어서 교육기회를 확대하고 장학금을 제공하는 등 전체 학생을 대상으로 한 고등교육 기회 확대가 적절한 방안으로 작동될 수 있으나, 사립

기관의 비중이 절대적이고 학령인구의 80%가 대학에 진학하는 한국의 교육 시스템에서는 보편적인 복지의 관점으로 접근하기에는 선결해야 할 과제가 너무나도 많다. 따라서 단기적으로는 고등교육에 접근하기 어려운 학생들을 대상으로 장학금 지원 등 좀 더 선별적이고 집중적인 맞춤형 지원정책이 우선 요구되며, 중·장기적으로는 고등교육을 포함한 초중등 교육 전반을 공공재이자 국민이 보편적으로 받을 권리로 인정하면서 경제적, 지리적, 시간적 제약에 구애되지 않고 누구나 교육을 받을 수 있도록 하는 시스템을 고안해야 할 것이다.

② 고등교육을 통한 사회복지 분야 인력 양성 및 사회복지서비스 분야에서의 좋은 일자리 창출

스웨덴은 사회복지국가의 전형답게 사회복지부문에 종사하는 인력의 비중이 한국은 물론 OECD 여타 국가보다 매우 높은 편이다. 아래 표는 스웨덴의 복지부문 일자리가 다른 나라와 비교해 얼마나 많은지를 보여준다. 스웨덴보다 1인당 GDP가 상당히 낮은 한국은 물론이거니와 스웨덴보다 경제수준이 높거나 비슷한 국가들과 비교해도 스웨덴은 사회복지 서비스 일자리 비중이 월등히 높다. 이 표는 앞으로 한국

〈표 1〉 주요국의 보건복지 분야 인력 고용 비중

구분	스웨덴	한국	일본	독일	미국	독일
2007년 기준	16.25	3.18	9.53	10.41	16.78	11.71
1인당 GDP 26,000달러 도달 시기 기준	16.44	3.18	7.14	9.17	9.23	10.47

자료: 강혜규 외(2010), 보건복지분야 고용현황 및 창출전략연구―선진국의 사회복지고용수준 및 제도요인분석을 중심으로, 한국보건사회연구원

에서 사회복지서비스 수요가 더 늘어날 것이며 이에 따른 일자리 역시 늘어날 것임을 전망하게 해 준다.

한편, 사회복지와 관련하여 초중등 교사, 간호사, 사회복지사 등 스웨덴이 복지국가 모델을 구현하는 데 필요한 서비스를 제공해 주는 필수적인 직업인의 양성을 포함하게 되는 과정을 스웨덴 고등교육의 변화 과정에서 볼 수 있었다. 고등교육 밖의 훈련기관에서 직업교육을 통해서 이루어지던 이들 집단의 인력양성이 1977년부터는 고등교육체제로 편입되어 이루어지기 시작하게 되었는데 이는 인력양성에서 이론적인 체계성을 더욱 강화하여 양질의 인력을 배출하기 위해서였다. 또한, 고등교육기관의 양성 과정을 거치면 직업적인 위상은 더욱 높아지게 돼 준전문직으로서 기능하게 되고 인정받게 된다. 그리고 직업적인 위상이 강화될수록 인력양성의 기간이나 내용상의 수준이 강화될 것을 요구하는 인력양성과 활용에서의 선순환적인 관계를 보이고 있다. 이처럼 스웨덴은 이론적이고 체계적인 대학교육 과정을 통해 사회복지에서 가장 직접적인 서비스를 제공하는 사회복지인력의 전문성을 강화하고 있다.

한편, 한국은 비록 보건복지부문의 일자리 비중은 매우 낮지만, 보건복지서비스 분야의 전문인력이 대학교육 과정을 통해서 양성되는 비중은 높다. 다음 페이지의 표는 OECD 국가 대학 신입생들의 전공별 분포를 나타낸 것으로, 스웨덴보다 한국 학생들의 보건·복지 전공 비중이 결코 낮지 않음을 보여주고 있다.

한국은 사회복지부문의 일자리가 스웨덴보다 턱없이 낮음에도 고등교육에서 사회복지계열 전공자 비율은 스웨덴과 비슷하다는 점은, 고

〈표 2〉 교육분야별 고등교육 신입생들의 분포 (2010)

	인문, 예술, 교육	보건, 복지	사회과학, 경영, 법	서비스	공학, 제조, 건설	과학	농업	미상 혹은 미분류
OECD 평균	21	13	32	6	15	10	2	2
EU21 평균	20	14	32	6	15	10	2	2
스웨덴	25	13	28	4	19	10	1	n
한국	26	14	20	8	24	8	1	n
덴마크	16	20	39	2	12	9	2	n
핀란드	15	20	22	7	25	9	2	n
독일	23	21	23	3	16	12	1	1
일본	23	15	28	9	15	2	2	7
영국	25	18	26	1	8	14	1	7

자료: 한국교육개발원 국제교육통계에서 추출(원자료: OECD(2012) Education at a Glance)

급인력 양성의 문제보다 더 우선적으로 인력을 활용할 적절한 일자리가 부족하다는 사실, 즉 인력 활용이 더 심각한 문제임을 보여준다. 대학이 직업현장에서 필요한 자질을 적절하게 길러내고 있는가라는 질문도 해야겠지만, 아무리 우수한 인력이라도 적당한 일자리를 찾기가 쉽지 않아 인력 양성과 활용의 격차가 줄어들지 않는 것은 사회복지서비스의 양적, 질적 강화를 통한 일자리 확충의 문제가 시급히 개선되어야 함을 의미한다.

21세기 국가 가운데 가장 선진적인 사회복지국가의 모델을 보여주는 스웨덴은 사회복지국가 건설을 위해 보육, 교육, 보건, 복지지원서비스를 획기적으로 강화하고 사회복지서비스가 필요한 사람들에게 적절하게 전달될 수 있도록 사회복지 분야의 인력양성 과정을 체계화하여 양질의 서비스를 제공할 수 있는 기반을 마련하고 운영해 오고 있다. 무릇 국가의 기능이 모든 국민이 인간의 존엄성과 권리를 실현할 수 있도록 하는 것이라면 이제 소득 2만 달러를 웃도는 한국에서도 사회복지서비스는 현재보다 양적으로나 질적으로 강화되어야 함은 분명하다. 생애주기에 걸친 다양한 형태의 사회복지서비스 제공 시스템을 구축하고 이를 전달할 수 있는 인력을 양성하고 활용할 수 있어야 한다. 고용 없는 성장의 사회에서 사회복지서비스 영역은 기계가 아닌 사람의 마음과 성품과 지식으로 움직이는 영역이므로 고용창출을 위해서도 매우 중요한 부문임이 틀림없다. 임금이나 근로조건 등이 개선되어 괜찮은 일자리(decent jobs)로 자리매김할 수 있도록 사회복지서비스에 대한 정책적인 지원이 필요하다.

2. 대학교육의 직업화의 영향

① 인문학 및 기초학문의 약화 가능성

앞에서 간략하게 살펴보았듯이 스웨덴 고등교육의 변화의 특징은 고등교육의 강한 직업화 경향이다. 직업화 경향은 대학의 전통적인 기능을 저해한다는 비판을 받기도 하나[1], 유럽이나 미국 등 다른 서구 국가에서도 나타나는 세계적인 추세로 전통적으로 학문을 추구하고 기초지식을 생성하는 고등교육기관에서 학생 개인적으로는 직업준비, 사회적으로는 필요한 인력을 배출하는 기능을 강화하는 경향이다(박태준 외 2011). 직업화 경향의 중요한 장점의 하나는 교육과 산업, 인력 양성과 공급 간의 밀접한 연계를 촉진한다는 점이라고 할 수 있다. 개인으로서

---

[1] 고등교육을 포함한 교육의 전반적 직업화 경향을 자본주의의 산물로서 대학을 자본에 종속하기 위한 노력의 일환으로 보는 비판적 교육사회학적 입장(H.Giroux 2004) 혹은 교육에 대한 과도한 믿음의 결과로서 학문 발전과 인문학적 사고를 저해하는 것으로 비판하는 입장도 존재한다(Grubb,N. and Larzarson, M,2005).

는 자신의 직업과 연관된 학교와 학과로 진학하여 직업세계로 순조롭게 이행할 수 있고, 사회경제적 차원에서는 필요한 인력을 적절하게 배출하여 기업이나 국가 경제의 발전에 기여할 수 있기 때문이다.

그러나 고등교육 직업화는 기초학문, 인문학의 위축 등 직업세계와 직접 관련을 갖지 못하는 부문의 위축을 가져올 수 있다. 이는 이미 한국의 고등교육의 팽창에서 경험했던 바이다. 한국 정부는 인문학과 기초과학 보호를 위하여 여러 가지 정책을 도입하였지만 그 성과는 의문이며 기초학문의 기피는 갈수록 심해지고 있다. 앞으로의 직업세계는 과학기술 간, 과학과 인문학, 과학과 예술 등으로 융합화를 지향하고 있으며 인문학이나 자연과학, 예술 등 기초학문은 창의성과 융합적 지식, 기술의 원천이 되므로 소중하게 다루어져야 한다. 직업훈련기관에서의 교육을 대학시스템으로 통합하면 직업훈련기관들은 대학에서 제공하는 인문학적 소양은 물론 기초과학의 지식과 기술을 습득하여 양질의 인력을 양성할 수 있게 됨을 상기해야 한다. 곧, 대학의 직업화가 광범위하게 일어나더라도, 인문학은 모든 부문의 기초로서 학습되어야 하며, 학교나 학과의 전공과 상관없이 기초적인 소양 함양을 위한 통로로서 소중하게 다루어져야 함을 잊지 말아야 할 것이다.

② 직업교육의 고등교육으로의 편입으로 인한 직업세계와의 연계 약화 가능성

직업훈련을 대학시스템으로 통합하면 직업세계와의 소통은 오히려 약화될 수 있다. 한국의 대학은 대학교육과 직업세계 간 소통의 부재와 양성되는 인력과 활용되는 인력 사이에 괴리가 크다고 지적되고 있

다. 학교 밖 직업훈련시스템과의 연계라는 경험과 역사는 대학교육과 산업세계의 요구 간의 격차를 줄이는 데 중요한 기능을 하는 근간이 될 수 있다. 그러나 한국의 고등교육은 직업세계에 대한 부응이라기보다는 사회적 수요에 의해 팽창해 온 탓에 직업세계와의 연계가 취약하다는 문제가 있는 만큼 산·학 연계를 위한 정부의 적극적인 정책지원이 필요하다고 하겠다. 이런 점에서 스웨덴의 고등교육기관과 산업체 간의 협력지원 체제와 협력촉진 경험은 참조할 만한 중요한 사례가 될 것이다.

3. 전문직 개념의 유용성

고등교육의 팽창과 내부적인 분화를 설명할 때 Olofsson 교수는 전문직이라는 개념을 차용하고 있지만, 전문성이라는 개념으로 전문직, 준전문직, 예비전문직을 나눌 수 있는지는 의문이다. 특히 첨단기술과 컴퓨터의 발전으로 직업세계가 앞으로 더욱 발전하고 세분되며 많은 인력이 고학력을 보유하게 될 것으로 전망할 때, 20세기 중반의 '전문직'이라는 개념을 활용하여 직업세계를 분류하기는 어렵지 않을까 한다. 점점 더 많은 직업이 체계적이고 이론적인 지식을 바탕으로 현실문제에 적용되어 전문성을 띠게 될 것이고, 여성의 사회적 참여가 확대되는 만큼 여성 비율에 따른 전문성이라는 기준 역시 합당한 기준이 되기 어렵다. 다시 말해, 앞으로 직업 분류를 전문직, 비전문직의 개념으로 설명하는 데는 한계가 있다는 점이다. 특히 최근의 직업동향에서 볼 때, 동일한 직업 내에서 소득, 진로개발 경로, 일터, 기술이나 역량 등에서 상당한 다양성을 발견할 수 있으며 이 다양성은 점차 더 심화할 전망이다. 예컨대, 작은 클리닉을 하는 개업의와 종합병원 의사 간에는 단순히 소득뿐만 아니라 하는 일이나 경력 계발에서도 많은 차이가 있다. 그러므로 직업유형의 분류와 이에 대응하는 대학교육의 변화를 살펴보려면 좀 더 섬세한 개념유형이 필요하다고 본다.

4. 한국 고등교육의 확대가 지닌 특징과 그 정책적 의미
① 한국의 강한 교육열과 고등교육 팽창

한국의 고등교육 팽창은 직업세계의 변화에 대한 부응보다는 주로 학부모의 강한 교육 열망에서 비롯되었다. 한편으로는 지난 반세기 동안 직업세계가 제대로 발전하지 않은 상황에서 고학력자들이 몇몇 '좋은' 근대적인 직업을 가지게 된 것을 학습한 결과이기도 하고, 다른 한편으로는 '학업'을 숭상하는 한국사회의 문화를 반영한 결과이기도 하다. 한국의 문화와 사회적 특성을 반영한 높은 대학진학률은 과잉학력, 고학력자의 실업문제 등을 가져오고 있지만, 고학력이 필요한 직업세계의 변화에 부응하고 취약계층의 좀 더 나은 삶을 위한 장치로서 고등교육의 확대를 바라보는 스웨덴의 관점에서 보면 일견 부러울 만한 현상이기도 한다. 스웨덴의 직업적인 수요와 사회변화에 대한 부응에 따른 고등교육의 변화와 한국사회의 사회·문화적 열망을 배경으로 발생한 고등교육의 자가발전적인 팽창은 흥미로운 비교 대상임이 분명하다.

직업수요나 사회복지를 늘리려면 지금보다 더 많은 사람이 대학에 진학할 필요가 있지만 막상 학생들은 대학진학에 대한 열망이나 의지가 없어 대학진학률을 끌어올리기에 한계가 있는 스웨덴으로서는 '망국적인' 대학열이라고 비판받는 한국의 교육문화가 경이로울 것이다. 한국의 교육열은 한국의 문화적 사회적, 경제적 배경이 종합적으로 작용한 결과이므로 한국과 여러 측면에서 다른 상황을 안고 있는 스웨덴에서 한두 가지 전략으로 교육적 열망을 일으키기는 어려울 것이다. 한편, 한국은 모든 사회적인 문제의 원천의 하나로 비판받는 높은 진학열을 보이지만, 이는 장기적인 전망에서 본다면 다른 나라에서 쉽게 모방할 수 있는 좋은 자원이 될 수 있다. 따라서 범국가적으로는 강한 교육열을 무조건 비난하기보다는 그것이 지닌 장점을 십분 활용할 필요가 있고, 특히 정부와 기업은 대학 등 교육기관에서 배출한 고급인력이 제대로 활용될 수 있도록 좋은 일자리를 창출하려는 노력과 더불어 관련 정책을 만들어가야 하는 것이 무엇보다 우선되어야 한다.

② **고등교육의 확대와 고학력 청년층 고용**

스웨덴에서는 1977년 교육개혁으로 고등교육이 급격히 팽창하였지만 한국처럼 심각한 고학력 실업의 문제로 이어지지는 않았다. 이는 스웨덴과 한국의 대학교육시스템의 발전 경로와 동인이 근본적으로 다른 데서 연유한다고 볼 수 있다.

한국의 고등교육은 지난 40여 년간 급격히 팽창하였는데 이를 시기별로 살펴보면 1980년에는 적령인구의 15%만이 4년제 대학을 졸업하였으나 1980년대 중반부터 30%를 넘어선 후 2010년 현재 약 65%에 육박하고 있다. 그러나 현재 대졸자의 취업률은 50%가 되지 않으며 자신의 분야에 적합한 직장에 취업한 비율은 그보다 낮고 실업률도 10% 정도로 높은 편이다. 직업구조 역시 고급인력을 수용할 전문직과 준전문직의 비율이 15%에서 25%로 성장하기는 했으나 고급인력의 확대 추세에 비추어볼 때 일자리는 턱없이 부족하다(진미석 외 2012). 이러한 고학력 실업의 문제를 해결하기 위해서라도 전문직이나 준전문직 일자리의 창출이 절실하며, 그런 측면에서 보았을 때 고용 집약적인 사회복지 서비스 영역에서 좋은 일자리를 확충하는 것이 하나의 해법이 될 수 있다고 본다.

참고문헌

강혜규 외(2010) 보건복지분야 고용현황 및 창출전략연구-선진국의 사회복지고용수준 및 제도요인분석을 중심으로. 한국보건사회연구원
박태준 외(2011) 고등교육기관의 전문 학위제도 연구. 한국직업능력개발원
진미석 외(2012) 주요국의 진로교육정책: 교육과 고용구조의 연계를 중심으로. 한국직업능력개발원
Giroux, G.(2004). Neoliberalism and Vocationalization of Higher Education. www.henryagiroux.com
Grubb, W.N & Larzarson, M.(2005) Vocationalism in Higher education: The Triumph of Educational Gospel. The Journal of Higher Education, vol. 76, no. 1, pp. 1~25

집필자 약력

김인춘

1997년부터 연세대 동서문제연구원 연구교수 및 연세-SERI EU 센터 객원연구원으로 재직 중이다. 주요 연구 분야는 정치사회학, 사회정책, 노동문제, 여성문제, 유럽지역연구이다. 연세대 사회학과를 졸업하였으며 미국 미시간 대학교에서 사회학 박사 학위를 취득하였다.

주요 논저는 〈스웨덴 모델, 독점자본과 복지국가의 공존〉(2007), 〈한국 복지국가의 정치경제〉(2012 공저), 〈분단-통일에서 분리-통합으로〉(2014 공저), "제3섹터의 개념, 구성요소, 역할 - 서구와 한국의 비교"(2014) 등이 있다.

신광영

현재 중앙대학교 사회학과 교수로 재직 중이며, 연구 영역은 세계화, 불평등 레짐과 정치변동이다. 최근 비교사회학적 관점에서 동아시아 불평등체제와 스웨덴 정치변동에 관한 연구를 하고 있다. 미국 위스콘신 대학교(매디슨)에서 사회학 박사 학위를 받았다. 저서로는 〈한국의 계급과 불평등〉(을유문화사, 2004), 〈불안사회 대한민국, 복지가 해답인가〉(살림출판사, 2012), 〈한국 사회 불평등 연구〉(후마니타스, 2013) 등이 있다.

양재진

현재 연세대학교 행정학과 교수로 재직 중이다. 주요 관심분야는 사회정책, 관료제이론, 복지국가론이다. 주요 공저로는 Retirement, Work, and Pensions in Aging Korea, (2010, Routledge), 『사회정책의 제3의 길: 한국형 사회투자정책의 모색』(2008, 백산서당), 『한국 복지정책의 결정과정: 역사와 자료』(2008, 나남) 등이 있으며, 논문으로서는 "Parochial Welfare Politics and the Small Welfare State in South Korea," Comparative Politics (2013), "Korean Social Concertation at the Crossroads: Consolidation or Deterioration?" Asian Survey (2010), "복지와 재정건전성의 관계분석: OECD 국가들의 사회투자형 복지지출을 중심으로" 『한국행정학보』(2012) 등이 있다. 미국 Rutgers 대학교에서 정치학 박사 학위를 받았다.

진미석

한국직업능력개발원 (KRIVET) 부원장을 역임하고 있다. 1997년부터 인적자원정책본부장, 직업진로정보센터 소장 등을 역임하였으며, 국가인적자원정책위원회 전문위원 등 다수의 교육과 인적 자원 개발 관련 국가위원회의 위원으로 활동하였다. 거시적 관점에서 국가 인적 자원 개발정책 연구를 수행하는 한편 평생학습의 관점에서 개인의 진로개발지원 관련 연구를 수행하고 있다. 최근 연구 분야는 대학생 핵심역량개발, 창의적 진로개발정책, 녹색성장과 인적자원개발 등에 중점을 두고 연구하고 있다. OECD, ILO, UNESCO 등 다수의 국제기구와 협업하였으며 '평생진로개발의 이론과 실제' (2005), '미래의 직업세계' (2006), '대학생핵심역량진단체제' (2013) 등 교육과 인적 자원 개발에 관한 다수의 논문과 저서를 발표하였다. 서울대학교에서 학사와 석사 학위를, 미국 하버드대학교에서 교육학 박사 학위를 받았다.

최영준

현재 고려대학교 행정학과 부교수로 재직 중이며 영국 옥스포드 대학교 전임강사 및 영국 바스 대학교 조교수를 역임하였다. 연구 분야는 복지국가론, 비교정책론, 그리고 노령화와 연금제도 등이다. Policy and Politics, Ageing and Society, International Journal of Social Welfare 등을 비롯한 유럽, 미국, 중국, 한국, 일본에서 사회정책에 관련된 다양한 논문을 발표하였다. 최근 논문으로는 "Revisiting the Role of Bureaucrats in Pension Policy-making: The Case of South Korea, (Government and Opposition 2014)", "Feminisation of poverty in 12 welfare states: Consolidating cross-regime variations? (International Journal of Social Welfare 2013), "Farewell to old legacies? The introduction of long-term care insurance in South Korea (Ageing and Society 2013)" 등이 있다.

스벤 호트 (Sven E O HORT)

2012년부터 2015년 2월까지 서울대학교 사회복지학과 교수로 재직했다. 미국 버클리 대학교 및 브루킹스연구소의 풀브라이트 학자, 노르웨이 베르겐 대학교의 비교정치연구소의 방문 교수였으며, 스웨덴 예테보리 대학교, 린네 대학교 등에서 교수로 재직하였다. 그는 수년간 스웨덴 사회연구원에서 학제간 연구를 다년간 수행했다. 연구영역은 사회정책, 복지국가, 시민사회이다. 저서로는 *The Nordic Welfare State– A Basic Reader*(공저)와 *The Coming of East and Southeast Asian Welfare State* 등이 있다.

군나르 올로프손 (Gunnar OLOFSSON)

현재 스웨덴 린네 대학교(Linnaeus University) 석좌교수이다. 1965년부터 1998년까지 스웨덴 룬드 대학교와 덴마크 코펜하겐 대학교의 교수로 재직하였으며 주요 연구분야는 스웨덴 사회민주주의, 스웨덴 복지모델의 연금·노동 정책 등이다. 최근 스웨덴 내 그리스 이민자들에 관한 연구를 수행하였고, 스웨덴의 고등 교육 체계와 핵심 전문직으로서의 스웨덴 대학 교수들에 관한 연구를 진행하고 있다.

글렌 셰스트른드 (Glenn SJÖSTRAND)

현재 스웨덴 린네 대학교(Linnaeus University)의 사회학과 교수로 재직 중이며, 교내 국제사회과학 프로그램(International Social Science Programme)의 책임자로 있다. 2001년부터 2009년까지 사회분석 및 복지 개발 프로그램(Social Analysis, and Welfare Development Programme)의 연구책임자였다. 주요 연구 분야는 경제 사회학, 복지국가 정치경제이다. 최근 진행 중인 연구로 "Agents of Knowledge in the Professional Landscape," "Between Science and Occupation: Knowledge, Academization, and the Route from University to Labour Market"등이 있다.

| 복지국가 사례연구 |

스웨덴 복지 모델의 이해

초판 1쇄 발행 2015년 10월 5일

지은이 김인춘 외 7명
엮은이 고명현

펴낸이 함재봉
펴낸곳 아산정책연구원
주소 서울시 종로구 경희궁1가길 11
등록 2010년 9월 27일 제 300-2010-122호
전화 02-730-5842
팩스 02-730-5849
이메일 info@asaninst.org
홈페이지 www.asaninst.org
표지 · 본문 디자인 All Design Group

ISBN 979-11-5570-115-7 03330
값 15,000원

※ 이 책은 아산정책연구원이 저작권자와의 계약에 따라 발행한 것이므로
   본원의 허락 없이는 어떠한 형태나 수단으로도 이 책의 내용을 이용할 수 없습니다.
※ 이 도서의 국립중앙도서관 출판예정도서목록(CIP)은 서지정보유통지원시스템 홈페이지
   (http://seoji.nl.go.kr)와 국가자료공동목록시스템(http://www.nl.go.kr/kolisnet)에서 이용하실 수 있습니다.
   (CIP제어번호: 2015022054)